中公新書
ラクレ
15

読売新聞論説委員会 編・井沢元彦 解説

読売 vs 朝日
社説対決50年

中央公論新社

はじめに

読売新聞論説委員長　朝倉敏夫

「新聞はどれも似たりよったり」、などと左翼的知識人・評論家たちがよく言っていた時代がある。

そうした〝進歩的文化人〟たちの多くは、本気でそう思っていたのかもしれない。なにしろ、ソ連を先頭とする社会主義諸国に、理想もしくはコンプレックスを抱くことが〝進歩的〟であると信じていたらしい人たちなのだから。資本主義体制を攻撃しない新聞などどれもこれも同じ、というわけである。

情けないことに、そうした〝進歩的文化人〟たちの言辞が一定の影響力をもっていた時代の後遺症からか、いまだに、新聞をよく読み比べもせずに、同じようなことを言う人も少なくない。若い人の中にも、である。

実際には、新聞によってこれほど論調が違う——。それをわかりやすく知ってもらう一つの方法として、読売新聞と朝日新聞の節目節目の社説を対比してみた。要約や抜粋では恣意的な引用と思われる可能性もあり得るので、それぞれの社説はすべて全文を引用した。結果的に、戦後ジャーナリズム史を研究する上でも、簡便でかつ資料性の高いものになったかと思う。ただ、論調の違いがより鮮明にわかるようにしたかったため、同一テーマに関する論説ながら、両新聞の掲載日付がかなり離れているものもある。

読んでもらえればわかる通り、読売新聞と朝日新聞の論調は、サンフランシスコ講和条約への賛否問題からして異なっている。朝日新聞はソ連圏諸国を含む「全面講和」「非武装」「中立」を主張し、読売新聞は西側陣営の一員としての「単独（多数）講和」優先を主張した。その当時の主張の違いが、現在に至るまで、読売、朝日両新聞の論調の、通奏低音の違いになっているように思える。

六〇年の安保条約改定でも、読売新聞と朝日新聞の社説は基調を異にした。七〇年安保をめぐる文脈では、朝日新聞は「安保解消・中立路線」を掲げ「数年以内の国民合意」を主張したが、もとより読売新聞の主張とは方向が一八〇度異なっていた。

朝日新聞の主張の根底には、社会主義国は本質的に侵略とは無縁であるとする「社会主義平和勢力論」が暗黙の前提としてあってのことではないかと思われる。これに対し読売新聞は、社会主義国の実態は一党独裁の専制恐怖支配体制であり、社会主義国の直接・間接の侵略から自由と民主主義という西側陣営共通の価値観を守らなくてはならない、というのが精神的基調だった。つまりは、世界の実像に関する認識が異なっていた、ということである。八〇年代に入ると、読売新聞と朝日新聞の論調の違いは一段と鮮明になる。それを象徴するのが、ソ連のアフガニスタン侵略に伴うモスクワ・オリンピックへの参加の是非問題だった。読売新聞は、侵略行動真っ最中の国の首都で「平和の祭典」などできぬと主張し、朝日新聞は参加論を主張した。八〇年代を通じて、SS20戦域核ミサイルの展開に代表されるソ連の軍事力増強と、これに対抗する米国および西側諸国の軍事的対応に関する一連の論調は、くっきりと異なっていた。要するに、読売新聞から見れば、朝日新聞の基調は「親ソ反米」的だった。

八〇年代の後半からは、消費税の導入問題で、読売新聞と朝日新聞は真っ向から対立した。二紙の対立というよりは、各種の世論調査が圧倒的に消費税導入に反対を示している中で読売新聞が孤立しているような状況だったが、読売新聞は、国家財政の将来を展望すると消費税の導入は不可欠である、との立場から導入支持を貫いた。

当時から、読売新聞論説委員会の〝合言葉〟の一つは、「三十年後の批判に耐える社説を」である。これには二重の意味がある。一つは、三十年後に読まれても恥ずかしくない長期的視野に立つ質の高い社説の作成に努めようという、未来に向けた心構えだ。もう一つは、戦前の諸新聞が、大衆の「それ行けドンドン」ムードに迎合して、結果的に軍国主義に協力してしまったような過ちは繰り返してはならないという、過去の新聞史への反省を踏まえた戒めとしての心構えである。今も、「大衆迎合せず」は、読売新聞の社論の一貫した基本姿勢である。

なお、現在の朝日新聞は、消費税を容認するようになっている。

九〇年代を迎えると、八九年のベルリンの壁崩壊以降の流れでソ連・東欧社会主義圏が崩壊し、世界構造が歴史的変化を遂げたが、その過程で世界に衝撃を与えたのが九〇年八月のイラクによるクウェート侵略だった。この事件は、日本の国際的責務、国際貢献の在り方をめぐり、深刻な論議をもたらすことになった。

読売新聞は、国連平和維持隊（PKO）への自衛隊参加を主張し、朝日新聞はPKOへの日本の参加が必要だとしても新たに別組織を創設して参加すべきであり、自衛隊の参加だけには反対するとの立場をとった。その後、自衛隊のPKO参加は、ごく当たり前のことになった。

ソ連崩壊が日本国内にもたらした衝撃も大きかった。世界的な〝体制間対立〟を反映していたともいえる自民党と社会党が連立政権を樹立、社会党党首の村山首相は、日米安保堅持、自衛隊合憲へと政策の大転換に踏み切り、「非武装中立」路線も放棄した。「中立」の看板を維持したくても、社会党がそれまで身をもたせかけていたソ連が消失したのだから、掲げ続けようがない。このころ、社会党と表裏一体だった「護憲連合」の大会決議も、「これまでの護憲運動は親ソ反米運動だった」との反省総括をしている。

ＰＫＯ問題をめぐる国内論議が混乱している中で、読売新聞は、本格的な憲法論議を避けている限りいつまでも同じような混乱が繰り返されかねないと判断し、九二年初めから社内に憲法問題研究組織を設置、研究を重ねた結果として九四年十一月三日の憲法公布記念日に、憲法改正試案を発表した。この提言手法は、従来からのニュース報道、調査報道に加えて、「提言報道」と呼ばれる新聞ジャーナリズムの新しい分野を開拓することにもつながった。

続いて九五年五月三日の憲法施行記念日には、読売新聞は集団的自衛権の行使容認を内容とする「安全保障大綱」を発表したが、同じ日付で朝日新聞は「良心的兵役拒否国家」なる提言報道社説特集を打ち上げた。読売新聞からすれば、社会党的護憲運動の修正版の一つにしか見えなかった。

いわゆる歴史認識においても、読売新聞と朝日新聞の基本姿勢はかなり違う。その一つの現れが、戦後五十年国会決議についての対応だった。読売新聞は、早くから、国会決議そのものに反対した。なによりも歴史認識というものは、個人の内面の自由、思想・信条の自由にかかわる問題であって国会決議にはなじまない、と考えるからである。しかも、国会決議を主唱したのが〝日本一国性悪説〟ともいうべき自虐史観に立ち、それを論証するためには明々白々の事実までねじ曲げるのを常套手段とする社会党だった。

歴史認識では、いわゆる従軍慰安婦についての事実認識についても、読売新聞と朝日新聞とは異なる。朝日新聞は、戦時中の「女子挺身隊」を、いわゆる従軍慰安婦強制連行のための制度だったとしているが、読売新聞としては、戦時勤労動員だったものを〝従軍慰安婦狩り〟だったとするのは、歴史の捏造だと認識している。

捏造といえば、石原東京都知事のいわゆる「三国人」発言について、朝日新聞が「不法に入国した」という形容を省いて騒ぎ立てたのも、一種の事実歪曲現象と見ている。

歴史認識のありようの違いは、歴史教科書問題をめぐる姿勢の違いにもつながっている。朝日新聞は「新しい歴史教科書をつくる会」を構成する人たちの〝思想〟を理由に特定の教科書だけを排除しようとし、事実上、政府が排除のため政治介入するよう求めた。これに対し、日本は思想・信条の自由を基本的価値とする国であり、共産党の一党独裁下で一つの思想・一つの歴史観しか許さない中国や、一つの国定歴史教科書しか存在しない韓国からの干渉で特定の〝思想〟を排除するのは、自由と民主主義の根幹にかかわる、というのが読売新聞の立場である。

経済関連問題一般に関する状況認識についても、消費税問題に限らず、しばしば、両紙の主張の差は大きい。

九六年の住専問題にしても、読売新聞は当時から、公的資金の注入もやむを得ないとしていたが、大衆感情に迎合したほとんどのマスコミは反対し、それ以降、公的資金注入問題はタブーのごとき雰囲気となって、金融危機が日本沈没の危機を招くまで、公的資金の注入を遅れさせる原因となった。

また、ゼロ金利問題への認識も、読売新聞と朝日新聞は正反対だった。その後、日銀が読売新聞の主張と同様の措置を取らざるを得ない醜態を演じたのは周知の通りである。

所得税の累進性緩和や相続税の上限税率引下げなど、その他の経済問題に関する主張にしても、あるいは教育基本法の改正問題などについての論調にしても、読売新聞の社説の多くは、編集局、調査研究本部、論説委員会が横断的に議論した結果としての、「提言報道」と有機的な関係で展開されている。紙幅の都合があって、数々の提言報道の内容を紹介できないのは残念である。

全国紙の発行部数は、七〇年代から二大新聞の時代に入っていると言われる。二〇〇一年春の時点では、大雑把にいうと読売新聞が一千三十万部、朝日新聞が八百三十万部、毎日新聞が四百万部、日経新聞が三百万部、産経新聞が二百万部である。

読者の数が多ければ、それだけ日本社会全体への責任も一段と重くなると身を引き締めつつ、今後とも、長期的視野に立つ先見性と現実感覚とのバランスがとれた、質の高い社論を展開するよう心したい。

「解説」にあたって

井沢元彦

読売新聞社から、この「読売vs朝日　社説対決五〇年」のレフェリー（？）になってくれという依頼を受けた時、正直言って躊躇《ちゅうちょ》した。

私は日本の社会では、もっと討論（ディベート）が盛んになるべきだ、という意見を持っている。

そういう観点から言えば、こうした企画には双手を挙げて賛同すべきなのだが、一つ引っかかったのは、朝日新聞社側の社説も読売側が選ぶ、ということだった。つまり、読売にとって都合のいい選び方をされるのではないか、不公平にならないか、という疑問が生じたのである。

それでも敢えて引き受けたのは、二つの理由がある。

第一に、こうした企画がもっと行なわれるべきであり、その呼び水としたい。たとえば朝日も自分たちの方が正しいと信じるなら、対抗して同種の企画を実行すればいいのである。そうすれば、読者はさらに新聞の社説、論説に対して理解を深めるだろう。

第二に「不公平」の問題は、戦後の重要なポイントでの社説を網羅的に取り上げることによって、ほぼ解消されている、ということだ。これが読売側の「得意」な分野だけを取り上げたというなら不公平だが、これだけ政治・経済・文化の全般にわたって範囲を広げれば、そういうことはなくなる。もしも朝日側の視点で不満があるとしたら、もう一度言うが朝日も同じことをやればいいのである。

全三一の項目を見て、私が最も印象的だったのは「石原三国人発言」の項だろう。もっとも「三国人発言」という朝日的表現は使うべきではないのだが（詳しくは本文参照）、とにかくこの問題に関しては、読売の意見が一〇〇パーセント正しく、朝日の意見は完全な誤りである。他の項目だと、朝日の側の言い分にも「そうも言える」あるいは「そう言えないこともない」という部分がある。それどころか単に「建前」だけなら朝日の言っていることの方が「妥当」（しかし現実性・具体性がない）という項目すらある。

しかし、この「石原発言」の項目に関しては、ジャーナリストとしての基本認識、あるいは報道機関の論理からいっても、この社説は読売にとっての「名誉」であり朝日にとっての「汚点」であろう。

大学の新聞学科やマスコミ専門学校では、とくにぜひこの部分は、社説の書き方の教材として使ってもらいたい。読売の社説は「こう書くべき」教材として、朝日の社説は「こう書いてはいけない」教材として。

ただし、こういう企画が成立するのは、読売は読売として「社論」を統一し、朝日は朝日として「社論」を統一しているからだ。それは個々の論説委員の「顔」が見えない、ということでもある。

このあたりが私の大新聞の社説に対する不満だ。二十一世紀に入って、日本の新聞社説の課題は、統一性に配慮しつつも個性や多様な価値を認める。つまり「顔の見える」社説を作り出すことではないだろうか。

＊井沢元彦（いざわ・もとひこ）
作家。一九五四年二月、愛知県生まれ。早稲田大学法学部卒。ＴＢＳ報道局記者時代の八〇年に、『猿丸幻視行』で第二六回江戸川乱歩賞を受賞、歴史推理小説に独自の世界を拓いた。『逆説の日本史』シリーズのほか、『天皇になろうとした将軍』『「言霊《ことだま》の国」解体新書』『虚報の構造　オオカミ少年の系譜』など著書多数。ホームページも開設しており、アドレスはhttp://www.gyakusetsu-j.com/

目次

Ⅲ　九〇年代以降

読売vs朝日

社説対決五〇年

I

一九五〇〜七〇年代

講和条約

日本独立の岐路に立って両紙は何を主張したか

1951年9月8日、サンフランシスコ講和条約に署名する吉田茂

全面講和論者への警告（一九五〇年五月一五日）

読売

講和の問題が次第に国民の関心をひきはじめている。敗戦すでに五年、日本の非軍事化ならびに民主化措置も一段落し、経済自立が強く要望されてくるにつれ講和の問題が国民の意識に強く浮び出てくるのは自然の勢いである。こうなると各政党も出来るだけこの問題を自党に有利に取上げんとし、当面の参院選挙戦でそれぞれ講和問題を宣伝にのせる傾向が目立ってきた。ある程度やむを得ない傾向ではあるが、われわれのおそれるのは、各党が選挙に熱中する余り、講和問題に関する誤った情勢判断や軽率な意見を国民に植えつけ、それが日本の立場に悪い影響を及ぼすおそれのあることである。

講和の問題が関係諸国の間で次第に真面目に討議されてきたことは事実である。英連邦の対日講和運営委員会でも一応の方針がまとまったと伝えられている。しかし冷静に考えると、この問題はようやく関係諸国の間で取上げられてきたという程度に過ぎないのであって、これが真に具体化してくるまでには、まだまだ相当の時日を要するものとみなければならぬ。ことにこの問題に最大の影響力をもつアメリカでは政府部内の意見さえまだ一致しておらぬ模様で、まだ対日講和の時期ではないとする有力な意見も行われている状態である。このような実情を無視して講和会議が目の前にきているように宣伝したり、講和問題が日本の意向でどうにでもなるような印象を国民に植えつけることは、極めて危険な弊害の多いことだといわねばならぬ。

由来現実を無視した理想論や強硬論は一時の人気に投じやすい。ことに日本人の国民性として感情に走りやすく、自分の力や自分のおかれている客観的立場を忘れて、希望と現実を混同した議論に熱中する傾向のあることを思うと、講和問題の取扱い方は慎重を要するものといわねばならない。いわんや責任ある政党としては、どこまでも冷静に利害得失を判断して国民をリードすべきであって、かりそめにも一時の人気を得るためにこの問題を利用するような態度は厳にいましめねばならぬ。

共産党を除く野党各派では先に永世中立、全面講和を主張する共同声明を発し、この選挙戦でも講和問題についてこの線にそった宣伝がなされると思われるが、この際もう一度客観的な情勢を考慮し、将来日本の立場を不利におとしいれるような方向へ国民の感情を導くことのないように、講和問題の取上げ方について慎重の上にも慎重を期するように望みたい。理想的な形における全面講和と、単独講和を比較すればだれしも全面講和を望むのは当り前である。だからといって、この際日本がこのような全面講和を強く主張すべきだという結論は出て来ない。現下の国際情勢ならびに講和会議における日本の客観的な地位からするとこのような主張が何らの効果を生まないばかりではなく、場合によれば国家国民の立場を不利に導く恐れさえある事を強く反省しなければならない。

ヨーロッパの形勢、東南アジアの動向は冷い戦争がいよいよ激化する方向にあることを示している。このことが対日講和の問題を困難にし、ことに全面講和の可能性をほとんど失わせつつあることは冷厳なる現実である。にもかかわらず国民に全面講和への期待を強くいだかせ、これをあくまで主張すべきだという考えを深く植えつけることは、結果において国民を西欧民主主義国に対して反対の方向へ導く危険がある。それこそ共産党の思うツボであって、全面講和論者の主観的意図の如何にかかわらず客観的には共産党の下働きをする結果になることを反省しなければならない。

もちろん共産党の全面講和論は、日本をソ連陣営にひきいれる前提条件としてのそれであり、一般の全面講和論は永世中立のためのそれであり、そこに本質的な相違があるが、一般国民の間にはその相違をハッキリ理解し得ない者が多く、結果において全面講和を強く主張すればするほど国民をして反西欧の方向へかりたてるおそれが多い。少くともそれが現実の事態と相反する方向へ国民を導くことは否定出来ない。われわれは全面講和論者とくに責任ある政党ではこういう点を十分に検討し自覚した上で講和の問題を取扱うことを要望したい。

非武装国の国際規約——講和に対する態度（一九五〇年五月二一日）

朝日

新憲法がいい加減のものだというなら話は全く別である。それをどこまでも守り通す積りであるならば、いまの日本には一つの動かし難い立場があるはずである。それは、ほかでもなく、武装せず戦争せずという文字通りの平和国家の立場である。その平和国家の立場を揺がすことなく、日本は講和を通して独立を回復しなければならないのである。一方に非武装をもって平和の緑地たらんことを希い、他方に国民の自主独立を侵害されないということが、一体どうして達成されるか。これが、前回にいった通り、講和の中心課題である。

この問題の解決として、我々は非武装と

いう近世史上初めての国家の、安全と不可侵に対する国際的保障を要望して来たのであるが、この要望は果して日本として望むべからざる越権のサタであろうか。またそれは、世界の平和と正義にもとることであろうか。あるいは情勢はそれに全く適合しないというのであろうか。我々はそうは思わないのである。

なるほどこの憲法は、日本国民が採択したものに相違ないが、この非武装国家が、今日の激烈なる国際情勢のなかで、何らの保障なしに存立し得るものとは、だれしも考えることはできないであろう。戦争放棄の決意を表明した憲法前文が、「平和を愛する諸国民の公正と信義に信頼して、われらの安全と生存を保持しようと決意した」と書かれてある通り、日本が一切の武装を脱いで、永久に戦争から決別したのは、ただ連合諸国の公正と正義を信頼したために外ならない。非武装国が、その安全と不可侵の保障を得るということは、この諸国の「公正と正義」が具体的な形象をとることにほかなるまい。

この意味において我々は、国際連合、または日本と和平を締結する国々が、いな日本新憲法に絶対の賛意を表明した国が、この非武装国の意義を認め、それが実存することを確認し、この非武装国の安全を規定する新しい国際規約を制定することを要望したい。それは、講和によって初めて波荒き大洋に船出する独立の非武装国には、欠くことのできぬラジオ・ビーコンであり、条件であると確信するのである。

言葉をかえれば、それは日本が独立と平和を保障された中立的立場をとることであるが、その立場は、戦時中における政策的な局外中立ともちがうし、武器をもって自ら防衛する義務と権利をもつ従来の永世中立とも異り、ほかならぬ非武装無防備という、政策を超越した全く新しい土台の上に成立するものである。それは国際的緊張の緩衝地というよりは、世界の一部に戦争なき地域を作り出すために、保障にもかかわらずなお起りうべき万が一の災難をも腹には覚悟しているものである。

しかし、この地位は、日本としてはまた、日本が経済的に自立し、その八千万の過剰なる人口を自ら養うためには最低の必須条件であることも言っておきたい。

いまの日本の国内市場は、一切の軍需生産を打切り、政府需要を断つことによって、いわば「非武装経済」を文字通り遂行しているのであるが、それを狭小な国内市場との関係から見ると、日本が昭和六年インフレ政策へ転換する以前の、恐慌のどん底時代、すなわち第一次大戦以来の日本経済の最低の地位以下の状態に落ち、その状態を続けることを意味している。この経済状態は、十年の歳月をもってしても恐らくはまだ脱し切れないであろう。一片の植民地なく、しかも極度に小さくなった国内市場の需要をもって、激増せる人口を養うことは、不可能といえないまでも、惨たる生活水準を持続するほかはないということである。これは重大な事態である。これに最小限度の自立を維持させるには、ただ出来る限りの多面的な海外市場と、平和な貿易のルートを与えることは、不可欠の条件ではないか。

かくて日本にとって、国際的に全面的な友好平和な態勢をとることは、経済的にも必須のものとなるわけであるが、それは全面同時の講和が切実に望ましいことをここにも示唆しているといえる。が、不幸にして連合国の見解が一致せず、一、二の国と同時に和平を結び得ない事態が到来するとしても、それによってこれらの国と日本との間に何らかの緊張が生れない状態を維持することが必要なわけであって、これらの国との和平がたとえ時間的に遅れるとしても、いつ何時でも出来る条件と態勢を持していなければならぬのである。この意味でも中立的地位の保持は、この場合にも依然として忘れられてはならないのである。

要するに、非武装国が世界に認められるならば、その国際規約が作られる事は講和会議の正義でなければならない。事態が部分的講和を余儀なくする場合にも、それに変りがあってはなるまい。事の成否は、連合国がここに平和国家を創ろうとする意思と熱意にかかり、また日本国民が善意と理性をもってこれを希望するか否かにかかる。

社説の評価についての原則はおそらく次の二つである。第一にその内容が民主主義や国際政治の原則から見て妥当なものであるかどうか、であり、第二に結果的に未来への正しい指針となっていたかどうか、である。

解説

これはあらゆる新聞人、言論人も認めざるを得ない大原則であって、異議を唱える人間はいないだろう。ただ第一点については民主主義、国際政治の「原則」について解釈が分かれ、対立する見解が語られることはあるかもしれない。

しかし第二点の、一〇年後、二〇年後の時点で社説の示した「指針」が妥当であったかは、不謹慎なたとえを使わせて頂くなら「競馬の予想」と同じで、明確に回答が出るものだ。この「サンフランシスコ講和条約」（と後に呼ばれることになる）締結に向けての指針こそ、典型的な例であろう。

この戦後の日本の岐路ともいうべき重大時にあたって、朝日新聞（以下、朝日と表記）は「全面講和」を提唱し、読売新聞（以下、読売と表記）は「単独講和」を主張した。「全面」とは東西両陣営に属する国家全部と、という意味であり、「単独」とは（誤解を招きやすい表現だが）西側陣営（自由主義国家群）に属する国家のみと、という意味だ。いうまでもなく、講和条約が締結されれば、日本は占領状態を脱し独立できるのである。

どちらが戦後日本にとって正しい選択であったか、この件についてはまったく論評の必要はあるまい。

　ただし、現代史を知らない人は「全面」という「理想論」に魅力を感じるかもしれないので、ここは一言述べておく必要があるかもしれない。

　この問題に批判的な、あるいは否定的な論者でも、等しく認めざるを得ない点は、もし全面講和をあくまで貫こうとしたら、日本の独立および国際社会への復帰は、最低でも数年遅れたに違いない、ということだ。いや、数年どころではないかもしれない。

　たとえばこの時代「中国」といえば中華人民共和国ではなく中華民国（台湾）のことであった。日本がどちらの「中国」と講和を結ぶべきか、日本だけでは決められない。ゆえに、全面講和にこだわっていたら、日本の独立は遅れに遅れ、高度経済成長も東京オリンピックも大阪万国博も、その後のすべてのスケジュールに齟齬《そご》をきたしたであろう。

六〇年安保

保革の両陣営が鋭く対立したなかでの論戦

1959年11月27日、安保改訂阻止統一行動で、総評、全学連２万人が国会正面から乱入、警官隊と衝突

新安保条約の調印に際して（一九六〇年一月二〇日）

読売

新安保条約はきょうワシントンで調印された。日米間で正式交渉がはじまってから一年三か月ぶりであるが、この間政府与党内部の意思不統一と保守、革新両陣営の鋭い対立が目立っていた。首相と外相が基本的な考え方で一致していなかったり、外交がとかく派閥抗争の具に供せられたりした。従って調印の予定は数回にわたって変更を余儀なくされたが、このような状態ではかんじんなアメリカ側との交渉でどのくらい相手方を説得できたかどうか疑わしいと思う。しかも革新陣営の反対運動は時には暴発して国会乱入事件などとなったが、このようなことから国民のうちにはいまだ深い疑念と不安を残しているものも少なくないと思う。

公表された新条約によると、現行条約の基本的性格である、米軍に常時駐留と基地使用を認め、日本の安全を守ると共に、その米軍が極東の平和と安全とのために使用されることを認めるという原則は、そのまま新条約に引きつがれている。新条約が現行条約と異なる点は、国連憲章との関係を明らかにしたこと、政治経済的協力をうたったこと、憲法とバンデンバーグ決議の精神を調整し相互防衛の趣旨を織り込んだこと、米軍の内乱出動権と第三国駐兵通過禁止規定を削除したこと、期限を十年としたことおよび事前協議制を設けたことなどである。これらのうち国連主義、政治経済協力、内乱条項の削除などは改善といえるが、バンデンバーグ決議がとり入れられた結果、新条約はかなり変則的といいながら相互防衛条約の性格をもっている。「憲法上の規定に従う」とはいうが、これまで政府が憲法解釈を野放図に拡大していたことを考えると、戦争にまき込まれる危険とか、防衛力増強の要請にどう対処するのか、国民は安心できないわけである。また核兵器を含む在日米軍の配装備の変更と、在日米軍の日本からの「戦闘作戦行動」については、事前協議が行なわれることになっている。国民の要望した「協議」を「同意を要する」とすることはついに実現されなかったばかりか、補給のための出動などは協議事項からはずされた。これでは協議はまれにしか行なわれないことになり、政府のいう改善は名目のみに終わった感がある。

安保交渉が長びいたため行政協定の大幅改定が実現したのは党内野党の手柄である。こんどの改定で施設区域の使用、通関、調達労務、特殊契約者、損害補償および防衛分担金などにつきＮＡＴＯなみに日本側の発言権を強める方向に改善されている。これまで未解決のままになっていた損害請求や保安解雇に関する多くの問題がすみやかに解決されるよう切望してやまない。

もう一つ、こんどの新条約と現行条約との大きな違いがある。それは現行条約が調印された時と異なり、今回は日本がアメリカと対等の立場という建て前、つまり自主的に、共同の責任を負う意味合いの国際的なとりきめを行なったという点である。つまりそれはこんごの日本の外交路線をみずから決定したのであり、国際政治の上にどんな影響がおよびそれがハネ返ってくるかという問題と切実に取り組むわけである。われわれは現行条約がこれまで日本国民に防衛上の安心感を与えていたことを否定しないし、新条約がその面を強化した点は確かに認める。その代わりこの条約が、中ソを刺激するという点での配慮を欠き、その面では少なからぬマイナス点をもっていることも無視できない。国民の全部が釈然たる気持ちになれないのはそのせいである。

この条約は直ちに再開国会に批准のために提案される。これまでの政府の説明の態度は、どちらかといえば事務的な説明に終始していた。こんどの批准国会でも調印したのだから何が何でも通せというのでは困る。前記のような新条約の政治的国際的な影響やこれに対処する政府の心構えなどについても十分時間をかけて説明し、こういう国民の心配にこたえるようにしてほしい。

真に安全を保障するものは何か（一九六〇年一月二一日）

朝日

日米安保新条約と、旧行政協定に代る新協定が、その他すべての関係文書と共に、ついに調印された。多少なりと実質的な改善の跡をみせた新協定は別として、いくつか重大な疑問を残している新条約の締結を、国民の不安を無視してひたすら急いだ岸首相の行き方に、何といっても遺憾なものを感じないわけにはゆかぬ。

新条約、新協定とともに発表された交換公文も、わが政府がこんどの安保改定交渉で最も重要な点だとして強調していた〝事前協議〟について、国民の疑念をはらすことにならなかったばかりではなく、むしろそれを深めるものとなった。

それは、ほかでもなく駐留米軍の日本領域外における作戦行動を、ことさら〝戦闘作戦行動〟だけに限定した点である。国民が米軍の日本領域外の行動について心配を寄せたのは、戦争にまきこまれたくないという、素朴な、だが真剣な感情からであった。そして、政府に〝事前協議〟の真の意味をしきりにただし、また、これを〝事前の同意〟と改めるようあえてわれわれが求めたのも、このためであった。

戦闘作戦行動以外に、米軍の補給行動や移動、その他、かりそめにも日本を戦争にまきこむおそれのあるすべての行動に〝事前協議〟は適用されるものとわれわれは考えていたのである。そして国会における政府の答弁も、そのような印象を与えたし、少なくとも与えようとするもののように見えた。条約関係文書の正文が発表されて、最初にわれわれが得たものは、疑念の解消ではなく、深まりゆく不安であった。

なるほど、条約調印後公表された日米共同声明は、〝事前協議〟の問題について、「米国政府は、日本政府の意思に反して行動する意図はない」というアイゼンハワー米大統領の岸首相に対する〝保証〟を、うたい込んでいる。わが政府は、これによって日本側に事実上〝拒否権〟があることが明らかにされたといっているが、米国務省筋の見解は〝日本に拒否権なし〟としているという。しかも、新聞論調に現われた米国世論の考え方も、〝事前協議〟とは、必ずしも相手方の同意を要するものでないと割り切っている。

疑問を残さぬ解釈を

問題はこれだけではない。米国内にも、いわゆる吉田・アチソン交換公文の実質的な延長によって、新条約は国連軍の持つ権利に影響を与えることはないとの解釈と、駐日米軍が国連軍として行動しようとする場合、〝事前協議〟の対象になるという考え方の間に、なお意見の一致しないものがあるという。

われわれが、この際に〝事前協議〟をとり上げたのは、これが問題のすべてであるという意味ではむろんなく、われわれは従来の主張をあくまで正しいものだとして、これを堅持している。ただ、政府が〝事前協議〟制を改定条約の核心だと見ていたためだし、また、これによって〝自主的〟改定の実効をあげたと誇示していたからである。さらに、やがて開かれる〝批准国会〟では、この〝事前協議〟の問題が当然論議の中心となるとみられるからである。

来るべき国会では、少なくともさきにあげた疑点はトコトンまで追及され、ただされねばならない。また政府も、国民の納得のゆくまで答えなければならない。ベトナム賠償問題の時にみせたような不誠意の態度は、事この安保条約問題に関する限り、絶対に許されるものではない。政府は、すべての問題点について、一点の疑問もないような解釈を改めて国民の前に明らかにすべきである。このためには、米国側とさらに折衝することが必要であろう。日本側は一つの解釈をとり、米国側はまったく相反する解釈をとるというのでは、これは条約とは言いがたい。のみならず、こうした状態は、日米間の友好のためにも、はなはだよろしくない。ことに、いまや明らかにされたこうした重大な解釈の相違を前にすると、日本国民は、わが政府にあざむかれたのではないか、という感じさえも抱かないとは限るまい。

重大な具体的結果

新条約の批准について、国民がどういう態度をとるかは、むろん国民みずからの問題であり、政府は国民の正しい判断を待つべきである。したがって、われわれが右に指摘してきたことのほかに、政府としてこの際なすべきことは、外国の一部で新条約に対して抱いているかにみえる誤解をとり除くよう、あらゆる努力を尽すということだ。言いかえれば、新条約の防衛的、受身的な性格を、あらゆる点から明らかにすることだ。われわれは、新条約にどんな重大な欠点があろうと、新条約が純然たる防衛的なものであることに、いささかの疑いを持たない。しかし、たとえ政略的の意図があろうとなかろうと、一部の外国で、この点に疑念を表明しているということは事実であり、これは否定すべくもない。しかも、それは無用の誤解であるばかりでなく、これをそのままに残すことは、今後の日本外交にとって明らかに有害である。

自国民にも十分納得させておらず、米国との間には解釈上の大きな食い違いを残したまま、問題の多い新条約の妥結と調印を急いだ岸政府は、思えば、まことに軽はずみであった。われわれは、従来の主張を少しも変えようとは思わないが、ここには、事の重大な具体的結果を指摘しておきたい。

それは、日米安保条約は必ずしも日本の安全を保障するものではなく、ただ東西間の平和、わけても米ソ間の平和のみが、日本の安全を保障するということの真実である。言いかえると、日本の安全を真にゆるぎないものにするためには、米ソ間の平和をいっそう強化しなければならないということである。もし、米ソ関係が悪くなれば、日米安保条約がいくつあっても、日本の安全は保障されないばかりでなく、むしろそれは、諸刃の剣となって、日本の生存そのものをさえ脅かすものとなろう。

新条約の締結を急いだ岸首相の外交方針には、この点で、根本的な考え方の誤りがありはすまいか。岸首相は、日本の安全と、繁栄の最も基本的な条件は何かということを、この際、じっくり考えるべきである。そして、米ソをさらに歩み寄らせ、米ソ間の平和をさらに固めさせるため、できる限りの寄与をするという、外交政策における根本的な反省から出直すべきである。

解説

いわゆる講和条約の「影」の部分として語られるのが、日米安全保障条約（安保条約）の締結である。なぜ、「安保」がそして米軍基地（駐留軍）が必要かといえば、「平和憲法」が理想論に終始し、日本国および日本人の安全をどのように守るか、具体的な方策が何も示されていないからである。そこで当時の日本のリーダー吉田茂首相は、単独講和（前項参照）に踏み切り、その問題を解決した。

この判断が極めて優れたものであったことは、多くの識者、史家が認めるところであった。「戦後日本の外交（防衛）方針にはほぼ誤りがなかった」といわれるのも、根本には吉田の判断がある。

とはいえ安保条約には締結当時から「不平等性」が指摘され、これに不満を持つ日本人も多かった。たとえば、アメリカが日本を防衛する義務は記されていない、それなのにアメリカ軍が基地を置く権利は明記されている、などである。吉田には実質的な不都合が感じられなかったこうした「不平等性」に対し、外交方針として安保条約の見直しを掲げたのが岸信介であった。

岸政権が行なった安保改定による新安保条約は、相互性や平等性の点で改善がみられるものであったが、革新勢力に率いられた国民は、新しい条約の締結は日本を戦争に巻き込むことになると、組織的な反対運動を起こした。これが「六〇年安保」である。

朝日は、「岸首相の外交方針には、この点で、根本的な考え方の誤りがありはすまいか」と、大いに疑問を抱き、「米ソをさらに歩み寄らせ」るべし、と書くが、そんなことが当時の客観情勢からみて本当に可能だったのか。

朝日の社説は常に「空想的な理想論」であって、具体的な提言に乏しい。「歩み寄らせればいい」などというのは提言ではない。それを実現させるための具体的な方策、指針が示されなければならないのである。朝日の「理想（空論）」と読売の「現実」との対決は、この後も延々と続いてゆく。

社説対決

讀賣 vs 朝日

七〇年安保

信頼と不安と——
安全保障政策の
転換点での主張

機動隊の放水を浴び、ライトに照らし出された東大・安田講堂

読売

安保の自動継続に当たって（一九七〇年六月二三日）

日米安保条約は、きのうで十年間の固定期限を終了し、きょうからは、日米いずれか一方の終了通告だけで、一年後にはこの条約を解消することができる状態にはいった。いわば〝固定の十年〟を経て〝選択の年代〟にはいったといってよいだろう。だが、国の安全を確保する道は、慎重のうえにも慎重に選択すべきであり、今何らの用意もなしにこの条約を一方的に廃棄するような主張には、われわれは賛成できない。

　政府は二十二日、安保条約を自動継続するとの声明を出したが、われわれもこの際はそれがいちばん妥当な道だと思う。安保条約には問題点はあるにせよ、今日まで十八年間、アメリカの圧倒的な軍事力が、日本にとって戦争抑止力としての機能を果たしている事実を無視することはできない。国の安全をためすというような危険な賭《か》けをすべきでない以上、この時点で安保の自動継続以外に、より安全な保障体制は理想としては考えられても、現実には求められないと思う。

　米、中、ソ三角関係がきわめて不安定であり、しかも近い将来にそれが安定化に向かうという見通しもたたない現状において、安保は日米両国にとって安定した軸の役割を果たしている。アメリカもその役割の重要性を考えればこそ、安保の継続を望んでいるわけである。それをここで廃棄することは、日本の外交関係にとって一番安定した重要な軸としての日米関係を悪化させ、ひいては日本の国際的地位そのものを非常に不安定な状況におとしいれることになろう。それは中ソに歓迎されるとしても、それによって失う国益の方がはるかに大きいといわねばならない。

むろん、歴史が示すように時の経過は、国際関係に驚くべき変化をもたらす。日米関係にしても、これまでと比べると、今後は経済的にも政治的にも利害の対立が多くなるだろうし、将来アメリカの方から安保の廃棄、改定を持ち出すことも考えられる。われわれとしても安保の上にあぐらをかくことなく、あらゆる事態に対応しうる柔軟性と、万全の用意を欠かすことはできない。

安保条約のもつマイナス面

安保条約は、単に日本の安全のためだけでなく、「極東における国際の平和と安全の維持に寄与」するためにも、米軍の駐留と基地使用の権利を認めている。安保条約の重要なマイナス面は、基地問題よりこの極東条項にあるといえる。締約国の領域外の安全のために、他国軍隊の基地設定、駐留の権利を、条約上で認めた国は、現在では類例がない。事前協議の歯どめはあるにしても、わが国はその結果好まざるアジアの紛争にまきこまれる危険性をさけることはできない。

ベトナム戦争は、そのよい例である。ベトナムの紛争は、日本の安全に直接なんのかかわりもなく、また日本の意思と全くはなれたところで始まり、そして拡大してきた。しかも、その結果は在日米軍を通じて、日本もこの戦争に間接的ではあれ〝関与〟する形となり、とくに七二年復帰への移行過程にある沖縄は、ベトナム戦争の重要な後方基地となっている。最初の決定には、なんら関与できず、その結果にのみ責任を分担させられるという不合理な面を、極東条項はもっている。

読売新聞社が先ごろ行なった世論調査では、もし近い将来に戦争の危険があるとすれば、それは「アジア各地で紛争が起こっているから」と「安保条約があるから」との回答が、いちばん多かった。国民の半数近くは、いまの時点での安保の自動継続を支持しながらも、将来への希望としては七〇%以上が「軍事的な完全中立」と「日、米、中、ソ四か国の安全保障体制」とをあげたのである。

このことは、国民の安保条約に対する信頼感と不安感の微妙な関係を、よくあらわしたものだといえよう。〝選択の年代〟においては、その安保のマイナス面をあらゆる政策を通じて徐々に除去して行く努力を積みあげて行かねばならない。

真の意味での自主性の確立を

安保が日米双方のいずれからでも一年の予告で解消しうる段階になったいま、一番必要なことは、言葉だけではなく、本当の意味での自主性を確立することである。

自主防衛を唱えるのはたやすいが、現行安保体制の下での自主防衛には、しょせん限界があるといわねばなるまい。自衛隊を少々増強してみたところで、アメリカの極東戦略のワクから独立することはむずかしい。むろん、アメリカの極東戦略が日本にとっても望ましい場合には問題はないといえる。しかし、いつでもそうとは限らない。たとえば、カンボジア作戦は南ベトナムの米兵の安全のためには必要であったかもしれないが、日本にとってはベトナム戦争の平和解決の望みが遠ざかり、七二年の沖縄返還の時点でむずかしい問題に直面するおそれが生じたという意味で、望ましくない作戦である。それを安保のために「アメリカにとってやむを得ない作戦だ」とし、アジア会議でアメリカの立場を事実上支援せざるをえないとすれば、日本外交の自主性まで疑われることになろう。

こうしたマイナス面をなくしていくためには、第一に対米外交において、もっと日本の国益本位の立場から自主性を強めていくことである。少なくとも、安保によって日本に影響を及ぼすおそれのある場合には、アメリカが事前にその行動なり政策を日本と協議するように要請すべきである。そしてわが国が同意しがたいようなケースについては、わが国として是々非々の立場をとることを米側に了解させる必要がある。

第二には、日中関係の改善をはかる努力を通じて、極東の緊張を緩和していくことである。極東の緊張が緩和するにつれて、極東条項のマイナスも減殺されていくからである。

同時に、日中関係が改善されてくれば、おのずから米ソに対するわが国の自主的立場が強まることにもなる。この意味からも日中関係の改善は七〇年代の最重要な国家的課題といわねばならない。

日米安保体制を越えて——新しい平和保障への道を探ろう（一九七二年一月一日）

朝日

新しい年、一九七二年の日本は、外交・安全保障政策の面で、おそらく六〇年の現行日米安保条約発効以来の大きな転換点を迎えることになろう。ニクソン米大統領の訪中、沖縄返還などを軸に日本をとりまくアジア情勢が一段と流動化し、戦後、保守党政治のもとで、硬直化し慢性化した外交感覚では対処できない国際環境の変化が予想されるからである。

ねばり強く外交交渉

米中両国間には台湾問題の処理をふくめ、まだまだ解消しがたい対立点があり、一回の大統領の訪中によって、平和共存の確固とした軌道がしかれるとはいい切れない。またアジアには、印パ戦争の余波が、米、中、ソ三極構造の複雑化という形で、新しい緊張要因を内包する危険性もある。しかし、そのような数々の不安定要因にもかかわらず、米中間の接近は、大勢として、極東地域の緊張緩和にとって望ましいプラス材料である。わが国はこの時期をとらえ、積極的にアジアにおける平和政策、超大国の兵力引離し構想について、効果的な提案を準備すべきだと思う。

アメリカはいわゆるニクソン・ドクトリンの具体化にともない、ベトナムからの実戦兵力の撤退、日本をふくむアジア各地の米軍事基地の整理縮小を進めるだろう。

しかし、われわれは、ニクソン・ドクトリンが、過去におけるアメリカの過剰介入政策の修正という一面を持ちながらも、別の面で、米軍事力の引揚げによって出来るアナを、同盟諸国の通常戦力の増強によって埋めるという、戦略構想にもとづくことを忘れてはいけない。「現実的抑止戦略」と呼ばれるこの米新戦略に、わが国が、なんらの自主的判断もなく追随することは、革新勢力が指摘するとおり、日米安保体制の危険な変質をもたらす結果となる。いうまでもなく、日米安保体制は、「日本の安全」だけでなく、「極東の平和・安全」のために、わが国が米軍の駐留を認め、基地を提供することを基本構造としている。そうした基本構造のままで、わが国が、米通常兵力の肩代りを無批判に進めることは、それだけ、日本が極東の紛争に巻きこまれる危険性を増大する道につながるし、アジア各国に起っている「日本軍国主義復活論」に確実な論拠を与えることにもなる。その意味でも、返還後の沖縄に自衛隊を移駐することには反対だし、非軍事化の方向を目ざすべきである。

われわれの選択は、アジアに軍事的に介入する方向ではなく、逆に日米間の軍事同盟関係をうすめ、日米安保体制の解消に至る道すじを周到かつ冷静に討議することが望ましいと考える。

もちろん安全保障政策の転換は、あらかじめ〝実験〟のきかない性質のものであり、日米安保体制の解消についても、アメリカの巨大な軍事力が一転して、わが国にとっての重大な脅威になるような、つな渡りは困る。解消への道すじは、あるいは段階的となり、ねばり強い外交交渉を必要とするだろう。

また、安保解消後の日本が外部からの侵略の脅威を感ぜずに、中立政策を安定的に維持するために、どのような非軍事的な安全保障政策の積重ねが必要か――たとえば、米、中、ソ三国との不可侵条約による平和保障体制の有効性などについても、あらかじめ綿密な検討が望ましい。

過半数は中立志向型

中立化を支える最大の力は、いうまでもなく、国民多数の合意とこの政策をつらぬく決意であろう。この点についても、わが国の政治勢力の間に、徐々にではあるが、変化の兆がみえる。自民党の一部に安保条約を軍事色のない友好協力条約に衣替えさせるという考え方が芽ばえ、一時は「安保肯定」に傾斜したかにみえた民社党内にも、再び段階的解消論が強まっている。各種の世論調査の結果は、過半数の国民が広い意味での中立志向型であることを示しており、数年の時間的余裕をおけば、中立化の方向で国民的合意の形成が必ずしも不可能ではないと判断する。いずれにせよ、かたくな〝日米安保信仰〟から脱却することが、自主的安全保障政策追求への第一歩である。

解説

「安保」というと、私のような世代（現在四〇代後半）でも、ある意味でなつかしく思い出すのが「六〇年安保」の時の大騒動である。

小学生だった私も、テレビを見て「アンポハンタイ」のデモを知り、わけもわからず「アンポハンタイ」「アンポハンタイ」といって遊んでいたものだ。

一九七〇年は六〇年に結ばれた新安保条約の固定期限（一〇年）が切れる年であった。自民党は「自動延長」の方針を決定したが、社会党や共産党はこれに反対して大衆運動を起こした。これが「七〇年安保」である。しかし、この時は六〇年安保の時ほどの盛り上がりが見られずに終わった。

私が長じて、「アンポ」が「日米安全保障条約」を指していることを知り、さまざまな周辺知識を学ぶにつけ、不思議でならなかったことがある。六〇年に大騒ぎをして安保をつぶそうとした人々は、いったいこの七〇年安保の時、どこで何をしており、かつての「行為」についてどう考えていたのか――ということだ。

反省をしているならば、そのことを何らかの形で表明すべきだろう。また、その行為がまったく正しく、正当性を持つと考えているなら、この七〇年安保の時も断固立ち上がるべきだった。

しかし、そんな動きはまったくといっていいほど無かった。これでは樺《かんば》美智子《みちこ》さんの霊も浮かばれまい。樺さんは六〇年安保の時のデモ隊国会突入のさいに、機動隊との乱闘に巻き込まれて命を落とした人である。

日本ではしばしば熱狂的な大騒ぎのあと、こういう「静寂」が訪れる。アジテーションの責任はどこにあるのか？

II　八〇年代

モスクワ・オリンピック

「平和の祭典」を傷つけたものはいったい誰か

1980年5月24日、モスクワオリンピック日本選手団不参加決定後に会見するマラソンの瀬古俊彦（右）

「オリンピックと政治」を考える（一九八〇年一月二三日）

読売

カーター米大統領のモスクワ・オリンピック・ボイコットの呼びかけは、西欧、中東、アジアの有力国にも同調国を出し、〝平和の祭典〟としてのオリンピック開催が危ぶまれ始めた。日本政府及びJOC（日本オリンピック委員会）の対応も、各方面から注目を浴びている。

古代ギリシャのオリンピック開催中、全参加国が停戦した話は、近代オリンピックの〝平和の祭典〟のイメージに強く結びつけられている。古代ギリシャの牧歌的な平和の理想を、近代五輪に結びつけるには、国際的、軍事的環境はあまりに違いすぎる。

しかし、開催国が他国に対して、大規模な軍事行動を起こしている最中に、その開催国の首都で、全世界の〝平和の祭典〟を開くことに、抵抗感を感じるのは、むしろ自然なことである。この抵抗感を、オリンピックに政治を介入させるものだとして、非難する方が不自然ではないか。

イランのバニサドル経済・財政相が「アフガンで、ソ連軍がイスラムの兄弟を殺していることを知っていながら、どうしてモスクワに行けようか」と語っているのにも共鳴できる。

多少飛躍した話だが、もしテヘランで五輪開催が予定されていたとしたら、米大使館員の人質を目前に、日本が選手団をテヘランに派遣することに、国民的合意が得られただろうか。

オリンピックの平和主義的理念と政治不介入の原則を貫くためには、国連が圧倒的多数で非難決議するような軍事行動や、重大な国際法違反を起こしている国は、開催国たることをやめる、との条項をオリンピック憲章に明記しておくことも考えられよう。

アメリカをはじめ、西欧やアジアの有力国のいくつかが、ボイコットをする中で、日本がモスクワに多数の選手団と観客を送り込むことは、日本国民の大多数にとって楽しいことではないし、またアメリカなどの不参加友好国との関係を著しく害しかねない。

参加か否かは、各国の政府ではなくて各国のオリンピック委が決定することになっている。しかし、ソ連圏諸国では、オリンピックは、国策に深く組みこまれた政治行為であり、西側諸国でも、政府が巨額な助成金を出していることからも、オリンピックを完全に非政治的なものとみるのは、現実にそぐわない。

モスクワ五輪めざして、わが国の三百人余の選手がきびしい訓練中であり、金メダルを待望するスポーツ愛好国民は無数である。モスクワ五輪が、平和で楽しい行事として成功することを願わないものはいないないだろう。
それだけに、私たちは、ソ連の国際世論に反する大規模な軍事行動の停止を、何よりも要求すべきであって、そのためには、アメリカはじめ友好国との政治的協力が必要なのである。

政治不介入の原則をタテにとるのみで、アメリカその他の友好国政府の、モスクワ五輪ボイコットの動きを非難することは、ソ連の国際政治上の冒険的行動を、政治的に支持する結果になってしまう。国際オリンピック委のキラニン会長の中止反対論もわかるが、〝平和の祭典〟を傷つけるソ連の行動にも警告してもらいたいものである。

「政治」に揺れるオリンピック（一九八〇年一月二二日）

朝日

一九八〇年七月十九日。百ちかい国々から約一万二千人の選手、約三十万人の観光客をあつめて、モスクワ・オリンピックは華々しく開幕する——はずだった。ところが当日、手をふりながら入場してくるのは地元ソ連など共産圏の選手団ばかり、スタンドの市民も白けた顔で、アフガニスタン侵攻がどれほど世界を怒らせたかをしみじみと味わう。そんな光景をカーター大統領ら米首脳たちは夢みているようだ。

国連も決議したように、ソ連軍の早期撤兵は世界の要求である。しかし大統領の要請通り「五輪ボイコット」運動が広がっても、それがソ連の撤兵につながるとは考えにくい。が、穀物不売などの経済制裁にくらべて、ソ連の一般国民にあたえる衝撃はむしろ大きいかも知れぬ。東側だけの運動会に開会を宣するとしたら、ブレジネフ書記長もさぞ気が重いだろう。八方ふさがり状態のホワイトハウスが、五輪ボイコットによって溜飲をさげたい心理は、十分に想像がつくところだ。

しかし、いうまでもないが、オリンピックは市民の祭りである。開催地はモスクワ市だが、主催者は国際オリンピック委員会（IOC）であって、ソ連政府や共産党ではない。米大統領の要請は「不快」な干渉であり、キラニンIOC会長の反発は当然といわねばならない。

政治的な思惑だけでなく、大会ごとに三十個を超す金メダルをさらう米国を抜きにしてオリンピックが成り立つか、放映料など二百四十億円も払う米テレビ会社の負担なしに大会が考えられるか、という二つの

「金」権思想も、米国を高飛車にさせているようだ。こうした大国主義的な圧力にたいして、IOCは自主独立の判断を守りぬかねばならぬはずである。

五輪ボイコットは、いま始まったものではない。前回も南ア問題をめぐって黒人国がいっせいに欠場した。戦前のベルリン大会でも、ヒトラーのユダヤ人迫害に抗して、米国はボイコット寸前だった。これを説得したブランデージ前IOC会長は「黒人やユダヤ人選手たちが大会に参加し、堂々と勝つことは、人種差別思想を事実で打ちやぶり、反ナチ運動を力づけるのだ」と叫んだものだ。

いま、バンス米国務長官は「米国がベルリン大会に参加したのは、ナチスの国威を高めただけで、誤りだった」という。しかし参加しなかったら、ナチスが挫折《ざせつ》したとはだれも思わないだろう。確かなのは、あの大会でのオーエンスらの大活躍によって、黒人のすばらしさを全世界がはっきり認めたことではなかったか。

にもかかわらず、オリンピックは再び政治の「圧力」に揺さぶられている。しかも「オリンピックを守れ」という心からの叫びが、人びとの間からわきあがっては来ない。それは「今のようなオリンピックなら参加できなくてもいいではないか。つぶれても惜しい気はしない」という、冷たい目がひろがっているからではあるまいか。

「オリンピックは、国家間の競争ではない」とか「選手は競技出場によって金銭的報酬や物質的利益を受けたことがあってはならぬ」と憲章は定めている。しかし大国の金メダル競争は手段をえらばず、巨費をつぎこむ。「強化」される選手たちはモルモットか、見せ物の曲芸師のようだ。初心を失ったオリンピックが人びとから浮きあがるのは当然だろう。だからこそ米政権が甘くみて、私物のように干渉するのである。オリンピックの危機は、外圧だけでなく、内部の退廃に根ざしているのだ。

解説　朝日の社説に一貫しているのは、防衛問題や国際政治の分析における「空想的平和主義」と、旧ソ連や中国、ベトナムといった共産主義国家群に対する「身びいき」ともいえる甘さである。このモスクワ・オリンピックボイコット問題はまさにその典型といえよう。

オリンピックは「市民の祭り」であり、「主催者はIOC」だから、「キラニンIOC会長の反発は当然」と、朝日は書く。

また、ボイコットを呼びかけたアメリカの動機を、「八方ふさがり状態のホワイトハウスが、五輪ボイコットによって溜飲をさげたい心理」だと書き、「米政権が甘くみて、私物のように干渉する」とまでアメリカの態度をおとしめる。

ちょっと待てよ、朝日サン、と言いたいのは私だけではあるまい。

確かに、アメリカに「世界の警察官」的な一種の思い上がりがあり、その「お節介」に悩んでいる国が無いとはいえないだろう。しかし、それでも言論の自由すらないソビエトがアフガニスタンに仕掛けた、まさに「帝国主義」的発想の侵略を阻止するのは、世界平和にとって極めて価値の高い、優先度の大きい行為であったはずだ。

平和を創造することこそ、朝日の絶対的価値ではなかったのか。現実問題として、この制裁という「パンチ」は、全体主義国家ソビエトに極めて深刻なイメージダウンを与えた。これがソビエト（という人権抑圧国家）の崩壊の遠因になったと評価する人もいる。

ちなみに戦前のベルリン大会もアメリカはボイコットすべきであった。あの大会が大成功を収めたからこそ、戦前の日本もナチスの「栄光」に幻惑されてしまったのだから。

八二年元旦社説

「危機説」の中で経済大国日本の行方を展望する

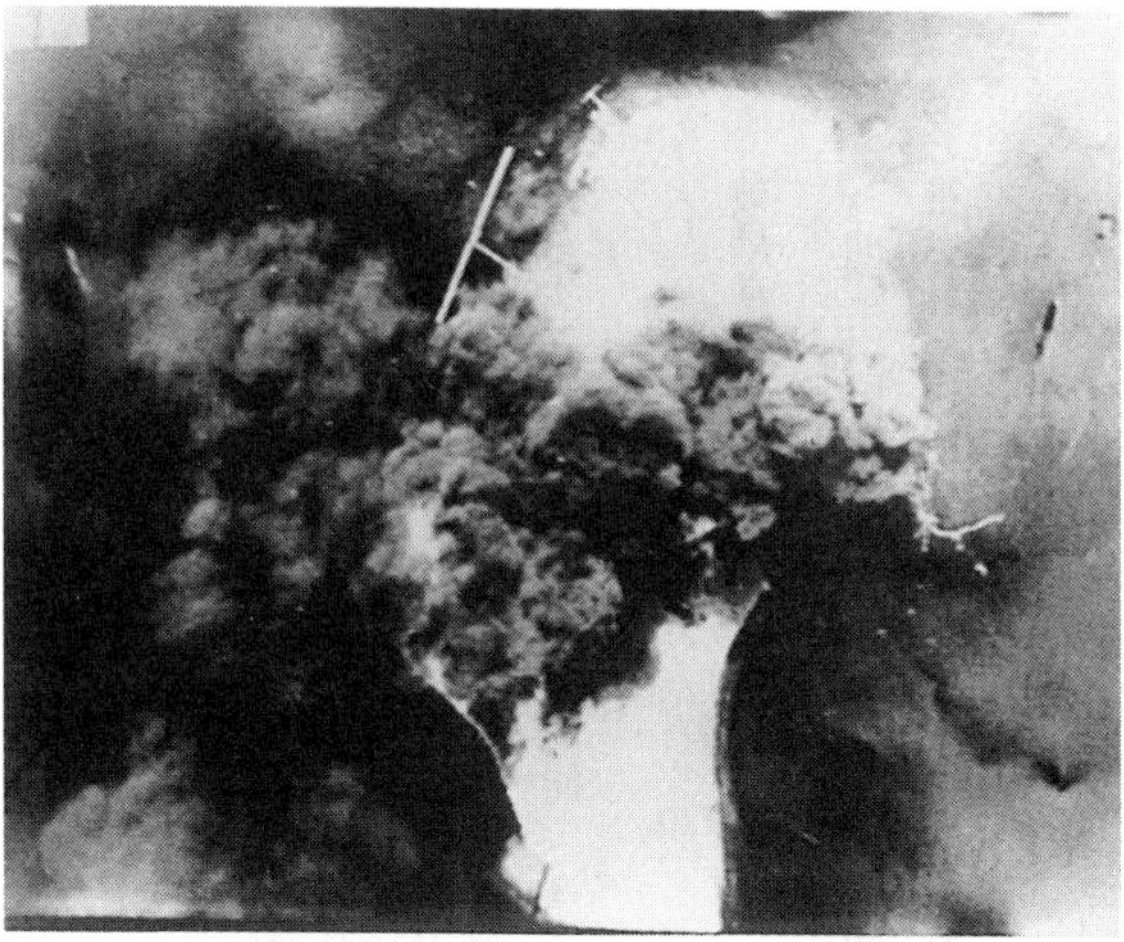

イラン・イラク戦争（1980〜88年）、空爆で黒煙を上げるカーグ島の原油積み出し基地＝PANA＝

読売

あえて80年代を楽観する——平和維持に知恵と勇気を（一九八二年一月一日）

一九七〇年代末期、世界文明の将来を論ずる知識人の多くが、暗い終末観にとらえられていた。

八〇年代は「不確実性の時代」であり、先進工業国は、イスラム産油国の石油戦略に支配され、資源不足で工業化社会は前途を閉ざされ、八〇年代半ばに、東西対立は破局に近づく——といった一種の世紀末観が流行した。何事も予測不可能とする現代の不可知論が広がった。

だが、八〇年代に入ってからの二年間の経験は、われわれが知恵と勇気をもって行動し、一定の条件を満たしさえすれば、危機や破局に至る要因は、抑止され、管理することができることを教えた。目標と手段の理性的選択によって、昨日までの暗い終末観を吹きはらうことが不可能ではないと思う。

破局は遠ざかっている

石油輸出国機構（ＯＰＥＣ）の世界支配の神話は、すでに崩壊した。イスラム産油諸国間には、宗派的、民族的、政治的対立や、原油埋蔵量の多寡による経済戦略の対立があって、生産及び価格カルテルによる石油戦略の効果的構築を不可能にした。昨年末には、さしものイスラム・パワーも市場原理に抗し得ず、限定的ではあるが、価格引き下げに追い込まれた。

　西側の工業諸国は、不況による石油需要の後退もあったが、省エネの技術革新、代替エネルギーへの転換および備蓄によって、OPECの石油戦略に対抗し得た。

　とくに日本は、対前年比一〇%以上の石油消費節減に成功した。ローマクラブが「成長の限界」を警告したころの推計では、今日、日本は年間約四億キロ・リットルの石油を消費していたはずだ。実際には、昭和五十五年度の石油輸入量は、二億五千万キロ・リットルにとどまっている。

　七〇年代の資源ペシミズム（悲観主義）は、非循環資源から循環資源へ性急に移転できるとの幻想をまき散らし、これに便乗した反体制派は「原発」や「成田空港」を体制のシンボルとして、破壊活動のターゲットとさえしようとした。

　だが、日本の工業技術は、資源ペシミズムから生まれた反公害運動を、前向きの刺激に転化するのに成功した。公害対策技術と省エネ技術は、いまや、日本のプラント輸出の中で、最も強い競争力を持つに至っている。

　八〇年代半ばに、世界大戦の危機が来る……とのペシミズムも、根拠が薄れている。

この危機説は、一九八三年から八五年にかけて、ソ連が石油輸入国に転ずるとのアメリカ中央情報局（CIA）や経済協力開発機構（OECD）の予測計算に基づくものだった。

石油輸出は、ソ連の東欧支配の不可欠な手段であり、国内産出量が頭打ちになったソ連は、石油資源を求めて、中東に軍事進出し、不可避的にアメリカと衝突し、世界大戦に発展するとの予測には、ある種の実感があった。アンゴラ、エチオピア、南イエメン、そしてアフガニスタン侵攻と続くソ連の軍事進出が、この危機説に油を注いだ。

しかし、ばく大な天然ガス埋蔵量が、ソ連本土に確認され、西側の掘削手段や輸送施設への資本と技術の協力があれば、九〇年代に至っても、ソ連はエネルギー輸出国の地位を守れることがすでに明らかになっている。石油事情からのソ連の中東軍事進出説の根拠は薄らいだとみてよいだろう。

ソ連が十余年にわたって続けてきた大規模軍拡も、農業、工業を含めた国内経済の不振によって限界にきたようだ。インドシナやアフガニスタンなどへの軍事援助や介入は、ソ連の国威維持コストとしてひどい重荷になっている。

軍事力増強は限界にきた

ソ連の八二年度予算歳出に占める国防費

は、前年度の五・七％から五・三％に微減し、労働力の面でも、ブレジネフ書記長は、「農業機械を向上させるため、国防工業の科学者を動員する」と言明するに至った。

他方、ベトナム終戦後、世界戦略の規模を縮小してきたアメリカは、レーガン政権によって、五年間で一兆五千億ドルの軍事力拡充計画を発表したが、国内経済、とくに財政上の圧迫に耐えられず、その大軍拡計画は、必ず修正、縮小されるに違いない。

ソ連に際限のない軍拡を断念させるには、当面、西側の結束した軍事力が不可欠なことは否定できない。しかし、八〇年代に、東西両陣営が、共に、軍拡の限界を認める時が来るだろう。

長期的視野に立って東西の軍事的対抗関係を見るとき、政治、経済、軍事の諸要素をめぐって、一種のマーケット・メカニズムが働くように思われる。

体制のいかんを問わず、現代の工業国家にとって、軍事力の拡大は、ある限界を超えると、期待される政治的効果より、支払うコストの方が、はるかに高くなる。国内的には、経済的停滞や社会的不安が増大し、他の手段による対外政治的効果を減殺し、軍事力本来の目的さえ無効にしてしまうものだ。これは、現代工業国家の軍事政策を律する法則といってもよい。

アメリカのベトナム戦争が、右の法則の適例であったし、アフガニスタンが「ソ連にとっての「ベトナム」といわれるゆえんでもある。

ポーランドに直接軍事介入した場合のソ連の支払わねばならぬコストは、ソ連経済に耐えがたい負担となるだけでなく、クレムリンの支配者の地位を脅かすほど高価につくに違いない。

相互依存関係を深めるために

地球上の平和を維持し、人間生活の質の向上を実現するためには、東西、南北の政治的、文化的対立を超え、相互依存関係を大胆に進め、少なくとも経済生活のレベルでの「国境」の観念を、できるだけ希薄化することが必要だと思う。


一例をあげれば、ばく大な埋蔵量を持つソ連の天然ガスに対し、その掘削、輸送の技術やプラントの供与を、目先の安全保障政策的見地からためらうよりは、進んで協力し、西側への天然ガス輸出を増やした方がよい。アメリカからの対ソ穀物輸出の安定化も、同じ効果を持つ。

ポーランドに対する西側諸国の二百七十億ドルに及ぶ借款は、この地域での軍事緊張がひどくなると、焦げつく恐れがあり、それは西側の金融機関に大打撃を与える。

このことは、西側諸国のポーランド問題の平和的解決への願望を強める理由となっているし、この地域での東西軍事衝突を抑止する安全弁にもなっている。

資源、技術、資本等の相互依存関係を深めることが、ばかげた軍拡競争を克服する最良の道である。

今日、世界の軍事費は、年額五千億ドルにのぼっている。これはアフリカ、中南米諸国のGNP合計、または、開発途上国がかかえる累積債務の総額にほぼ等しい。東西の緊張緩和が進めば、巨額な軍事費は、いつでも、南北問題解決のための貴重な資産に転化するはずだ。

西側諸国は、高度工業社会に内蔵されている停滞や危機の要因を克服するための壮大な実験を、各国独自の方法で進めている。日本は、民族の単一性や、伝統的な勤勉さによって、すでにいくつもの停滞や危機の要因を克服してきた。だからこそ、米、西欧諸国との連帯を阻害する貿易摩擦の克服に、最優先的な努力を注がねばならない。

市場経済と思想の自由は、西側の東側に優越する社会原則である。これを守るための西側の力の結束を固めることによってのみ、東西の相互依存関係を、安全に進め得るのである。

困ったことは、東側世界が西側との人的、文化的交流に厚い壁を作っていることだ。東西間の情報の不均衡が緊張の大きな要因だが、この不均衡は、東側の閉鎖性による。

将来は、放送衛星による映像を通じ、西側の自由で豊かな文化的生活が、国境を越えて、東側諸国の市民の家庭の中にまで進入するようになるだろう。それは平和維持のため、きわめて有効な手段となろう。東西の経済的依存関係を深める努力を息ながく続けることによって、東側の消費生活が向上すれば、その文化的閉鎖性もやがて解かれるのではあるまいか。

朝日

平和の戦略をどう展開するか（一九八二年一月一日）

日本・アジア・世界の平和と安全の確保、安定的な発展の実現にどう取り組むか。平和戦略の具体的な展開が、日本の課題として、緊急性を増している。

一つは、世界の一〇％以上の国民総生産をあげる、主要国の一員となったからである。当然のことながら「世界の中の日本」の役割について確認が急がれる。

もう一つは、責任分担のあかしとして、日本の防衛力増強を要請する声が内外で高まっているからである。外の声は主として米国から起こり、内の声がそれに呼応して勢いづいている。その大合唱にかき乱されることのない判断が緊要なのである。

非核三原則に確信を持て

第一に、平和戦略の基盤は平和憲法にあり、非核三原則の厳守が重要な柱となることを強調したい。

昨年前半、ライシャワー元駐日米大使の発言によって、非核三原則は重大な挑戦を受けた。米国の核抑止力に依存しながら核持ち込みを拒否するのは虫がよすぎる、との主張がなされた。しかし、後半には、非核三原則の妥当性がふたたび確信されるできごとが起こった。米国の政策担当者の口から一度ならず限定核戦争はあり得ると表明されたことを直接のきっかけとして、欧州に広がった反核運動がそれである。

限定核戦争論を生み出したものは、一つは核兵器を「使える兵器」として兵器目録の中に正規に加えたいとの、用兵家たちの以前からの希望である。二つには核兵器の生産拡大を志向する兵器産業界が、自分たちの作る各種核兵器の戦術的、戦略的な存在価値を理論づけたいからである。そうした要求に応じて、戦略専門家が精緻《せいち》な装いをこらしたのが限定核戦略である。

しかし、限定核戦略は西側陣営の国々に複雑な波紋を生じた。このような核使用で確実な犠牲者となることに、いまさらのように気づいた民衆が異議を提出しはじめた。核時代の安全保障は、被害を受ける側、いわゆるレシービング・エンドの立場での追求が核心となるべきだとする認識が広がってきた。

それは、核兵器の惨禍を実際に受けた、広島・長崎の経験があらためて重視されなければならないという意味でもある。日本で先月開かれた「軍縮と安全保障に関する独立委員会」のあと、パルメ議長も「核保有国の最高首脳には就任したらまず広島訪問を義務づけるべきだ」と述べた。被爆体験に基礎を置いた非核三原則の厳守、国内にとどまらず世界への被爆体験の継承と伝達が、日本の平和戦略の基本構造でなければならない。

「戦前症候群」を見過ごすな

第二に、平和戦略の推進への阻害になる要因を注意深く抑え、除くことである。

満州事変や太平洋戦争についての論稿が昨年目立った。はじまった年から五十年、四十年の区切りだったからでもあろう。しかしもっと大きな理由は、一昨年の自民党安定多数政権の成立以降、「戦前」のにおいを感じさせる事象がつづいていることである。

米国の圧力も利用しての防衛費の急増がある。七〇年代も他の主要国に比べてけた違いに高い年平均約七％の実質増をつづけた日本の防衛予算は、財政再建の必要に迫られる八〇年代に入っても突出して増加している。昨夏の防衛白書は「守るべきものは……国民に最大限の自由を与え得る国家体制である……」「真の愛国心は……国家の危急に際し力を合わせて国を守るという熱意となって現れる」と、一転、高い調子に変わった。

ソ連脅威論がまき散らされ、靖国神社の国家護持、憲法改定の論議が勢いを得ている。中学・高校の教科書で、戦争の悲惨さを示すさし絵が外されるなど、検定の尺度に変化が起こった。自民党多数下で政策運営がますます行政主導型になり、野党の弱さも加わって議会の審議機能が低下している。ある研究者は、これらを「戦前症候群」と呼んだ。

もちろん、いまは昔と違う。国内には民主主義社会がひとまずでき上がった。豊かな社会が実現し、人々はそれが破壊される危険性を最小にしたいと考えている。相互依存の進展で、国家間の対立激化を避ける抑制力が強く働くようになった。国際機構も、第二次大戦前よりはずっと有効に機能している。悲観的にだけ受け取ることは当たらない。

だが、症候群が結び合い、強い織り糸となる可能性も無視できない。好ましくない方向への傾斜を阻止するため、つねに細心の警戒を怠ってはなるまい。事実を知る努力、知る権利の行使、自由な論議のできる状況の確保が、不可欠の前提となる。情報公開の制度化はその観点からもきわめて重要である。

相違を率直に相手へ語れ

第三に、非核の経済大国としての日本の国際社会への貢献は、米国などとは相当異なってしかるべきである。その独自性をもっと率直、明確に主張する必要がある。

世界的な相互依存関係が成立し、そのいっそうの安定的な発展と深化が目指されている。一方、地球の大きさの限界のため、資源制約の問題に各国が直面している。成熟に向かう先進諸国では成長の鈍化が不可避となる。その傾向は先発の先進国により顕著にあらわれる。米国の国際舞台での地盤沈下、国内経済の停滞もそこに一因がある。

この場合、先発大国は、ともすれば原因を他国の責任に転嫁しようとする。また、関係国への肩がわり要求を強め勝ちとなる。その圧力が、後発主要国の国際的な責任分担の内容にゆがみを与える要因として作用する。日米の経済・防衛関係の現状にそうした危惧《きぐ》を抱かないわけにはいかない。

日本と米国との間には、国土の大きさ、資源の豊かさなどで、また非核国と核大国という点でも、大きな非対称性がある。米国の安全保障、対ソ外交政策に同調できなくて当然なのである。わが国の政権担当者には、相違を相手国に理解させるよう努める責任がある。本来、西側の各国が一様でない政策をとることが、多極化世界の平和に役立つと理解すべきなのである。

また、力の論理では、軍拡競争の悪循環の中に取り込まれ、経済の硬直化からいっそう抜け出しにくくなる。軍事力による安全保障はますます収穫が逓減する傾向にもある。この点についても、日本はむしろ米国に注意を喚起する立場にある。

「南北」「軍縮」の具体策を

第四に、「南北」と「軍縮」が重要な課題である。これは鈴木首相もカンクン・サミットで述べたが、必要なのは一般論を繰り返すことでなく、具体策の決定と実行である。

第三世界諸国の開発・安定の達成にどう貢献するかは、どこでもまだ十分な解答がでているとはいえない。援助の量の拡大はもちろんだが、人づくり、それぞれの国に適合した形での産業発展への協力、「適正技術」の供与など、創造的な工夫や努力を真剣に重ねていく責務を日本は負っている。

軍縮では、差し当たり、六月の国連軍縮特別総会で、主要国としての役割を果たさねばならない。核軍縮は米ソがその気にならなければ進まないことはよくわかっている。しかし、日本は、核大国を動かす能力と使命とをより多く持っているはずである。

包括的な核実験禁止の促進のほか非核武装地帯実現への取り組みを積極化しなければならない。北東アジア非核化の探求は日本こそ推進役にふさわしい。東南アジア非核化でASEANとの連携も必要だ。核兵器不使用を、核保有諸国の受け入れ可能な取り決めに練りあげる試みにも着手すべきである。

解説

「日本と米国の間には、国土の大きさ、資源の豊かさなどで、また非核国と核大国という点でも、大きな非対称性がある。米国の安全保障、対ソ外交政策に同調できなくて当然である」と朝日は主張する。

いかにももっともらしい言い方だが、国の大きさよりもずっと大切なことは、民主主義という日本とアメリカの「対称性」の方だろう。この「対称性」が国家群を形成しているのが西側自由主義陣営である。

朝日は国内問題では口を極めて「民主主義」や「自由」を至上価値として説くのに、国際問題になると、ソビエト連邦（現ロシア）を中心とした「思想の自由」のない国に肩入れする。

このダブル・スタンダードは一体どうしたことか。朝日は東側陣営諸国が自由の無い、遅れた社会であることを認めようとせず、あくまで西側と対等の存在として認めさせようと考えていたらしいが、そのもくろみはソビエト崩壊、ベルリンの壁撤去によって、現在は完全に崩れ去っている。

それにしても読売の「放送衛星による映像」が「東側諸国の市民の家族の中」に入ることによって世界が変わることを予見しているところは、見事というほかはない。

讀賣 社説対決

vs 朝日

八四年元旦社説

平和への道とは
現実主義と
理想主義の対立

盛り上がる反核運動＝時事＝

読売

平和・自由・人権への現代的課題——日本の役割と新聞の使命を考える（一九八四年一月一日）

終戦からほぼ一年を経ていた。一九四六年九月一日、本紙はその一面に、四項目からなる簡潔な一文を掲載した。当時の本社社長馬場恒吾が自ら筆を執ったものだ。それは「読売信条」と題された。

「われらは真実と公平と友愛をもって信条とする。それが平和と自由に達する道であるからだ。

われらは左右両翼の独裁思想に対して敢然として戦う。それは民主主義の敵であるからだ。

われらはしいたげらるるものを助け個人の自由と権利を守るために戦う。それを勝利の日まで断じてやめない。

われらは日本の復興を急いで世界の尊敬と信頼をうる国たらしめんとする。それなくしては民族の生きがいがないからだ。」

以来この宣言は読売新聞の社論の基礎とされた。当時連日、一面の題字わきに掲載されたが、今でも年一回毎年九月一日付紙面に掲載されて来ている。

「読売信条」を継承する

実は、私たちはこの宣言の改正を論議し

たことがあった。今日、「左右両翼の独裁思想」が日本を制する危険はないし、「日本の復興」は、とうに終わり、世界経済の十分の一を生産する経済大国となった。成長率、物価上昇率、失業率、就学率、犯罪発生率等、経済、社会のすべての指標は、世界最優良レベルにある。

生産施設の徹底的破壊、生活の窮乏、人心の荒廃したあの時期とは、まったく比較にならない。したがって、この古い信条を、現代の状況に対応して、書き改めるべきではないか、……と。

だが論議の末、戦時の軍国主義報道、終戦直後の極左的編集首脳支配下の偏向報道とを経験し、混乱の中にそれを克服して、自由、民主、人権といった新しい価値観のもとに、公正な紙面編集を確立した当時の我が先人たちの歓喜と、気概と、理想に燃えたこの宣言は、貴重な歴史的遺産として保存した方がよいとの結論に達した。

この宣言を貫く理想の中に、今日につながる普遍的価値観をくみ取り、現代的に解釈し、日々直面する諸政策の選択に、現実的に適用して行くことが可能だと考えたのである。

そこで、一九八四年を迎え、八〇年代後半を展望するにあたって、この宣言の理想をくみつつ、世界の中での日本の役割、さらに読売新聞の果たすべき使命について考えたいと思う。

今日地球上の各地域では、新たな軍事紛争による残酷な破壊や、自然条件による窮乏、飢餓が次々に発生、その復興と救済は緊急を要する。これらは、ほうっておけば、より大規模な軍事衝突を招く危険を、不断にかもし出す原因となろう。

今、民族の生きがいとは

途上国の開発と生活水準の向上のための寄与は、わが国の平和維持上、不可欠な要件である。それは国際的に果たすべき日本民族の道徳的使命であり、馬場恒吾の書いた「民族の生きがい」に通じるものではないか。

日本政府は、一九八一年からの五年間に、政府開発援助を倍増すると国際的に宣言しながら、昨年度の実績は、国民総生産（GNP）の〇・三％にも満たず、倍増は不可能の見通しだ。財政上の制約や、途上国側の受け入れ態勢の不備もあろう。しかし今日の国際環境の中で、「繁栄の孤島」たろうとする民族的利己主義はもはや許されぬことを自覚した上で、あらゆる方途を講じなければならない。

読売信条中の「しいたげらるるもの」の字句は、終戦前後の階級社会的思想を反映していたように思われる。

今日、中産階級意識が、日本国民の九割にも達していることは、各種の世論調査に示されている。これは、日本の政治社会の安定の大きな要件となっている。生産の急速な拡大と共に、高率の相続税、所得に対する累進課税による富の再分配が奏功したためでもあろう。

だが、福祉の悪平等化と非効率化、いわゆるばらまき福祉によって、いたずらに高福祉・高負担への道を突っ走り、逆に勤労や貯蓄や投資への意欲を減退させ、経済の縮小と財政の硬直化、ひいては重症な先進国病を招くことを警戒すべき時期に来ている。

現代の「しいたげらるるもの」とは、独り身の寝たきり老人や、難治難病患者及び自然災害の被災者で自助能力を持たぬ人々などのことと解すべきであろう。こうした人々にこそ、政府は積極的に完全な救済措置を講ずるべきであり、国民はその負担に十分耐えられるはずだ。

財源を無視した人気取り福祉政策は、必ず破たんする。それは国民の健全な生活意欲を阻害するものでもある。国民の生産活動を刺激し、経済に活力を与え、所得の向上をはかることなしには、福祉政策は停滞する。

左右両翼の独裁思想に、日本の政治体制が支配される恐れは、もはやあり得ない。とりわけ、右翼独裁、つまりファシズムが権力を握る経済、社会的基盤はどこにも存在しない。とはいえ、両翼の偏向思想が、マスコミを侵す危険がないとはいえない。

特に警戒すべきは、左翼偏向である。今

日の左翼偏向派は、決して自ら「左翼」と称することはしない。平和とか軍縮とか反核といった大衆の耳に快くひびく言葉の中に、それを隠そうとする。

反核・平和運動は何をめざす

もちろん、平和、軍縮、核兵器廃絶という理想は国民の悲願であり、その実現は私たち言論人にとっても、至高の使命である。問題なのは、これを実現する手段と道程の選択である。

東西間の核の抑止力の利いている先進工業国間では、戦後一度も、直接の軍事衝突はなかった。逆に、核の抑止力の働かない地域で、戦後何十回という軍事紛争が発生し、通常兵器によって、一千万人とも二千万人ともいわれる兵員及び非戦闘員が殺傷されてきた事実に言及せず、目前の軍事紛争の解決策に真剣に取り組もうともしないで、いたずらに「反核」を合唱しても、平和は確保されない。

反核運動の叫びは、ニューヨーク市の空にとどろいても、モスクワ市の街角では沈黙を強いられている。

一九七〇年代のデタント期に、米国は二・五戦略（二正面での大規模戦争と一局地戦争に対処する世界戦略）を一・五戦略に縮小し、徴兵制を廃止し、海外各地から多くの兵を引いた。

その間に、ソ連は一貫して軍拡を続け、

アンゴラ、モザンビーク、エチオピア、南イエメンと軍事支配地域を広め、アフガニスタンに公然と大規模侵攻をした。かつ、戦域核兵器の製造と配備を続け、極東に百基をこえるSS20、七十機以上の長距離超音速爆撃機バックファイアーを配備し、非核列島日本を射程内に収め、我が北方領土にまで一個師団の兵力を配置した。

こうしたソ連のあからさまな対日威嚇にはあえて目をつぶって、米国を軍拡の元凶とする論法を、公平だということができようか。

「抑止と均衡」の理論や、「ソ連の脅威論」を否定する人々の多くが、反米親ソの左翼戦略を推進している。

そうしたいわゆる進歩派の反核運動は、有効な核軍縮に寄与せず、ソ連の西側分裂工作に奉仕する結果を生むに過ぎない。

今日、日本が西側の一員としての立場を放棄し、非同盟中立の立場を選択するならば、安保条約を廃棄、もしくは無効化せねばならぬ。それは、日本と米国、西欧との経済摩擦を破局化するだろう。

米加西欧を含む北大西洋条約機構（NATO）諸国に対する日本の輸出は総輸出の四割を占めている。この輸出市場との関係悪化は、円相場や株式市場の暴落、国際収支の慢性赤字化を導き、日本の経済成長はマイナスに転ずるだろう。ちなみに対共産圏輸出は六％に過ぎない。一方、無資源国日本への大量の資源輸入にも、西側諸国間の協力が不可欠である。

国際的無責任は許されぬ

こうした現実を無視した安全保障政策の選択は、幻想的であり、無責任である。それは日本経済と国民生活を根底から破壊することにもつながる。

世界史的に、十九世紀以来の社会主義思想の果たした役割は、正当に評価されるべきである。しかし、今日、国際的に、官僚化した社会主義体制がその政策面で衰退しつつあることは否定できぬ。アフガニスタン問題に典型的にみられるように、それはもはや国際的平和勢力とはいえぬ。

経済政策面でも、農工業両面で、教条的社会主義は行き詰まっている。西側先進諸国の東側諸国に優越する繁栄と経済社会的安定は、かなりの点で、社会主義的政策の大規模な吸収にあった。一八四八年の共産党宣言に、マルクス、エンゲルスが、プロレタリア革命によって実施すべしとして書いている十項目の政策のほとんどが、今日の日本の政治経済体制の中で、法制化されてしまっていることは、その一例である。

これに対し、東側諸国は、自由主義体制諸国の活力源となっている市場経済諸原理の導入に、極めて憶病である。

ソ連の政治権力中枢は、ある日突然アフガニスタンに大軍を侵攻させるような不可測の政策決定をする。しかし国際的突発事件に対応する危機管理能力は、本質的には、開かれた自由主義体制下のそれよりも、情報流通の閉鎖的な東側全体主義諸国の方が、信頼性と機動性の双方とも乏しい。大韓航空機事件に際しての、クレムリンの虚偽を重ねた対応の過程に、それはよく示されている。

東側の閉鎖社会には、現に何百万人ものサハロフが、自由を奪われて、息をひそめている。日、米、西欧に、一人のサハロフがいるだろうか。

ジョージ・オーウェルの「一九八四年」は自由を抹殺した管理社会の恐怖を描いた小説として、今日再び多くの知識人の間で読み直されている。

それは、今や西側の政治社会では、古いおとぎ話に過ぎないが、東側諸国にあっては、創作寓話《ぐうわ》以上の現実味を持っているのである。

平和と自由と人権を守り、世界の尊敬と信頼を得る国となるためには、日本は、そして大部数を発行する新聞は、どっちつかずのあいまいな国際的無責任、進歩を偽装した保守的、観念的中立主義に耽溺《たんでき》することは許されないと考える。

読売新聞は、今後も、真実・公平・友愛の信条の原点に立脚して、必要かつ実現可能な政策を勇気をもって選択し、主張して行くものである。

朝日

現実をふまえた理想主義の道（一九八四年一月一日）

「日本人は島国に住み、他国とのつき合いはほとんどなく、日本人だけの世界に生きているようにみえる」――昨年夏、サンフランシスコ講和条約発効三十周年記念国際問題討論会で外務大臣賞を受けた在日留学生（ネパール人）の指摘である。

われわれは主観的には、「国際社会において名誉ある地位を占めたい」（憲法前文）と心から願い、その方向へ進んできたつもりなのだが、外国人の目には、まだまだ「孤立化した特殊な国」にうつるらしい。

現に、日本に不満ないし不快感を抱く人は、西に東に南に、年ごとにふえてきている。

年三十ニシテ二十九年ノ非ヲ知ル。われわれはこのさい、過去を率直に反省し、国際感覚を成熟させるための努力を倍増しなければならないと思う。

「現状追認」でなく

世界を見渡した場合、国の進路について、日本ほど「分極化」の目立つ国も珍しい。

外国からやってくる寒冷前線と、国民の平和志向という暖かい気流とが、日本の上空でぶつかりあい、渦を巻いている。不幸にして両者はうまくとけあわず、討論すればするほど遠心力ばかり働く傾向が強い。意見の多様性は自由社会の長所であるにしても、もう少し国民的コンセンサスに向かって求心力が働くようになってもよいのではないか。

政府・与党には外圧順応型現実主義者が多い。これに対して、野党側には硬直した教条主義的色彩が顕著だ。いずれも、国際問題にナイーブであることに主因がある。

日本の現実主義は、歴史的にみて現状追認、現状追従に近いことが多かった。厚い壁を前にあきらめ、強い風によろめく、いうなれば「長いものには巻かれろ」派である。故大平首相の「外交は、海の中を舵《かじ》なしで漂流するようなもの」との言葉は、理念より状況対応を重視する姿勢を、よく表している。

十数年前、ワシントンが「中国封じこめ」の大号令をかけていた時、体制派の多くの人は、これに全面協力することが日米友好維持の上から最も現実的選択だ、と主張した。

沖縄の核抜き本土なみ返還も、ベトナム戦争のさなかに求めるのは現実的でない、と考えるものが、少なくとも初期の段階には、多くみられた。

防衛力漸増も、米国の圧力を受けてずるずる後退する現実主義の産物といえる。最近では平和憲法を「時代遅れ」「空想的」

と邪魔物視する現実主義者も出ている。

開発途上国援助に関しても、「恵まれた国の義務」意識からではなく、うるさいからやむをえず、といった受け身の姿勢が目立つ。

和シテ同ゼズ

片や理想主義者たちの方は、あまりに内弁慶的でありすぎた。日本が他国から「手前勝手」「ひとりよがり」といった批判をされていることにまるで頓着《とんちゃく》せず、ひたすら「平和憲法の崇高な精神」を力説するだけ、といったタイプが目立つ。こういう鎖国的平和主義では、現実に〝脅威〟と直面、格闘している国に対しては、なんの説得力も持ちえない。

理想主義も観念論も英語ではIdealismだが、理想を高く掲げるものこそ、常に観念的にならぬよう、むしろ意識的に具体策を打ち出すよう心掛けるべきであろう。「日米関係は大事だが、軍事協力はごめんだ」という立場をとるものは、貿易摩擦解消のため、なんらかの形で自らも痛い思いをする案を用意するくらいでなければならない。

キッシンジャー元米国務長官が、サダト・エジプト大統領と周恩来中国首相に最大の親近感を抱いていたことは、よく知られている。この三人に共通しているのは、イデオロギーの呪縛《じゅばく》にとらわれることなく、国益、及び地域の平和第一主義の現実的アプローチをする力と勇気とを持っていた点である。

思慮ある理想主義者、賢明な現実主義者、として五七年にノーベル平和賞を受けたL・ピアソン・カナダ首相の例も参考になろう。西側の一員でありながら全方位外交をとり、東西、南北のかけ橋的役割を果たした。「何もしないで理想論を唱えるより、少しでも実行できることから着手しよう」というのがモットーで、朝鮮戦争、中東戦争の解決にめざましい活躍をした。ベトナム戦争には批判的立場をとり、また早い時期に中国承認の道を開いた。

日本にいま必要なのは、米国をはじめとする友好国との協調を保ちつつも、平和国家としてのスジを通す「和シテ同ゼズ」といった行き方であろう。

脱「井の中の蛙」

「わが国はもはや、極東の一隅に孤立し門戸を鎖して自己単独の生存のみに限界を局限しうるものではなく……」一九二五年(大正十四年)一月、幣原外相は帝国議会で行った「国際協調演説」でこう力説した。今も通用しうる卓見である。だが、結局この精神は生かされず、日本は破滅の道をつっぱしった。井の中の蛙《かわず》的観念論者、軍部の圧力にひきずられた現状追認型現実主義者、双方の責任であろう。

第二次中曽根内閣発足時の首相談話にみられる「……広く文化、政治の両面からも世界の平和と繁栄に積極的に貢献する国際国家としての役割を……」という考え方は、平和国家の理念としてまことに立派なものである。しかしこれもまた、空文に終わる危険性が多分にある。なぜならば「国際協力、イコール軍事力強化」といった思いこみの強い現実主義者、あるいは、資源小国、通商大国にとって他国での評判の悪さがいかに致命傷かに気付かぬ唯我独尊的観念論者が、いまだに多くみられるからだ。

保守も革新も、外国との接触を深めることを、今年の課題の第一としてほしい。そして、軍縮交渉の行き詰まりをはじめ、ポーランド、アフガニスタン、グレナダ、さらに米国における保護主義の台頭など、世界政治の現実がいかにきびしいものであるか、の実感を得てきてもらいたい。日本独自の外交路線はその実感の上に築かれねばならない。

現実がきびしいからこそ、国連憲章や平和憲法の理想主義が貴重なのであり、現実がきびしいからこそ、日本の政治の国際化が必要なのだ——とわれわれは考える。

柔軟でたくましい戦略を

核戦争になれば人類の滅亡は必至である。従って国際政治は、「どんなに気に入らぬ体制とも平和共存せざるをえないのだ」ということを大前提に進める以外ない。

思想上の競争は競争として、「全体的破滅を避けるという目標は、あらゆる目標に優先させねばならない」（アインシュタインの原則）を常に念頭に置きながら、日本に何が出来るか、日本は何をなすべきか、の論議を深めてゆく年としたい。

現実主義的理想主義者R・ニーバー（米国の神学者）に次のような祈りの言葉がある。

神よ　われらに与えたまえ
変えることの出来ないものについては
それを受け入れる冷静さを
変えるべきものについては　それを変える勇気を
そして変えることの出来ないものと　変えるべきものとを区別する知恵を

日本の理想主義が、国際的現実をふまえて、より柔軟でたくましい、外国に対して説得力ある平和戦略を持つようになった時、国際政治における日本の存在感は格段に重みを増すに違いない。

解説

朝日は、どんな形にせよサンフランシスコ講和条約に社説で触れるというなら、当時まったくの空想論でしかない全面講和を主張し、結果的に日本の進むべき道として誤ったものを提案したことに、自らの反省があってしかるべきだろう。

前項でも、サンフランシスコ講和条約の項でも述べたことだが、朝日の論説が結果的に歪んでおり未来の指針を事前に指示できないのは、結局、ソビエト連邦などの共産主義国家群に対する思い入れ、いや「えこひいき」ともいうべき感情があるからだろう。

これは国内では、社会党や共産党などの野党勢力に対する評価の甘さにもつながっている。確かに新聞には「野党精神」が必要だといわれるが、真の野党精神とは何が何でも政府に反対することではあるまい。

読売のいうように、「反核運動の叫びは、ニューヨーク市の空にとどろいても、モスクワ市の街角では沈黙を強いられている」――それが共産主義というものだ。

朝日にはこういう表現がまったく出て来ない。ではどちらが真実を伝えているか、どちらの主張がより現実的で未来の設計たりうるか、あえて言うまでもあるまい。

米ソ核軍縮

極東の核軍拡に立ち向かう両紙の視点

焦点となった中距離核ミサイル、アメリカのパーシングⅡ＝PANA＝

容認できぬソ連の大幅軍備増（一九八四年四月一二日）

読売

ソ連はなぜ、こんなに急ピッチで、軍拡を続けるのか――ワインバーガー米国防長官が十日公表した一九八四年版「ソ連の軍事力」を読んで、われわれは、改めて強い対ソ不信を表明せざるを得ない。

この報告書によれば、昨年、東西間で最大の論争の的だったソ連の新型中距離核SS20の配備数は、ついに三百七十八基に達し、そのうち百三十五基が、極東アジア地域に配備されている。

日本を含め、極東アジア地域のどの国も、ソ連に攻撃をしかける意図も、能力も、ないのに、ソ連がなぜ、極東アジアのSS20を増強するのか、われわれは、理解に苦しむ。

また、報告書は、ソ連が軍事目的の宇宙開発に巨費を投じ、米ソ軍拡競争が、八〇年代から九〇年代にかけ、スターウォーズ時代を迎えようとしていることを警告した。

米ソの軍拡競争を抑えるため、今ほど軍備削減交渉の切望される時はないのに、残念ながら、INF（中距離核戦力）交渉も、START（戦略兵器削減交渉）も、ソ連にボイコットされたままだ。

そのうえ、両交渉の年内再開の見通しも、暗い。第一に、発足後間もないチェルネンコ体制は、大胆な和平イニシアチブをとりにくい状況にある。第二に、十一月の米大統領選を前に、ソ連は「レーガン再選」に手を貸す行動には出ないと見られるからだ。

それでは、当面、西側諸国として、どのような対策と手段を講ずればよいのか。

その第一は、西側諸国の結束の維持であろう。昨年五月、ウィリアムズバーグ・サミット政治声明で表明したように、西側諸国が自由と平和を確保するため、十分な結束を維持したうえで、ソ連に真剣な軍備管理交渉を呼びかけるのが、現実的である。

第二に、世界各地の局地紛争が、米ソ間の緊張ないし危機へと爆発しないよう、東西間の連絡と協議を密にする必要がある。ホットラインなどの「信頼醸成措置」の強化は、米ソ関係の冷え切っている今こそ、最も重要である。

第三に、これまでの米ソ冷却関係の中でも、両国は、新長期穀物協定の締結などの実務案件や、個々の危機への対応を通じて、協力しあってきた。このような東西間の共通の利益となる分野は、今後とも、維持していきたい。

カーター前米政権時代に、西側が手をこまぬいている間に、ソ連は核・通常戦力とも大幅増強し、これを背景に、アフリカ、中東、中米など、第三世界各地に進出した。

そこで、レーガン政権は、「力と威信の回復」の対抗措置に出た。

これに対し、ソ連が、一九七〇年代に獲得した相対的優位を一部手放してでも、西側との協調を求めるか、それとも、西側の動きを挑戦とみなし、対抗措置に出るかが、注目されている。

これまでのところでは、ソ連は、後者の道を歩む姿勢を示している。東西関係は、少なくとも、十一月の米大統領選が終わるまで、緊張した状況が続きそうだ。

それまでの間、現在以上に悪化するのを回避しつつ、国際環境改善の時を待ちたい。

トマホーク配備に「非核」守れ（一九八四年五月二八日）

朝日

米国の巡航ミサイル「トマホーク」のうち核弾頭付き対地攻撃型の艦船配備が六月に迫った。非核三原則の「持ち込ませず」が大きく揺らぎかねない情勢となった。非核政策を守り抜く決意を政府に求めるとともに、監視の目を厳しくするよう広く呼びかけたい。

米国防報告によると、核付きトマホーク

は、ロサンゼルス級原子力潜水艦のすべてとスタージョン級の約三分の二及び選ばれた水上艦艇に配備が予定されている。

わが国に昨年一年間に寄港した延べ二十五隻の米原潜には、スタージョン級十二隻、ロサンゼルス級五隻が含まれている。バージニア級巡洋艦など、搭載予定に挙げられている水上艦の入港実績もある。年内の可能性は薄れたものの、戦艦ニュージャージーの寄港問題もやがて再燃しよう。

巡航核ミサイルの配備にあたっては、米太平洋軍の核戦闘能力の強化に高い優先度が与えられている。九〇年代の初めまでに順次実戦配備される過程で、第七艦隊の艦船が重視されるのは必至だ。核、非核両用あるとはいえ、従来通りの寄港パターンだと核搭載艦入港の疑いは濃厚となる。

しかし、政府は「核持ち込みが事前協議の対象であることは米国も十分承知している。申し入れがなければ、核積載とはみなさない」という見解をとりつづけている。国会論議の中で、ニュージャージーについては国民感情に配慮し、入港となれば改めて注意を喚起するとしたが、その他艦船では措置をとる考えは示していない。

これでは、トマホーク搭載の艦船が寄港するたびに、核か非核かをめぐって国民の間に深刻な論議が起きよう。むしろ、従来は儀式的であった非核確認のルールをより厳格にする機会とし、日米間の解釈に混乱がみられる「トランジット」（一時寄港・領海通過）も認めないことを改めて明確にすべきだ。

政府はトマホーク配備について、米国の抑止力が高まることは日本の安全にとってプラスだと、肯定的な受け入れ方を表明してきた。ソ連の中距離核ミサイルＳＳ20の増加や、極東ソ連軍の戦力増強を念頭に置いてのことと思われる。

しかし、極東ソ連軍に対する米国の前進展開能力の強化は、必然的にソ連の対抗措置を引き出し、核軍拡をエスカレートさせるに違いない。軍事専門家の中には、巡航ミサイルは大陸間弾道ミサイルなどの戦略核より使われやすいし、核、非核両用であるため偶発的核戦争をかえって誘発しやすい、と指摘するものもいる。ソ連のＳＳ20は日本にとって致命的だが、太平洋地域の米巡航ミサイルは相手の心臓部にはとどかない地理的非対称性から、トマホーク配備は必ずしもわが国の核のカサ強化にはつながらない、といえる。

非核三原則を国是とする日本としては、米ソの角逐に口をはさむのではなく、アジアの核軍拡に警鐘を鳴らす立場をとるべきだ。

第七艦隊の拠点、横須賀基地を抱える神奈川県の長洲知事は、草の根の反核感情盛り上がりを背景に、マンスフィールド駐日米大使に対し「日米友好と非核三原則の両立を」と申し入れた。二十七日には全国八カ所で十万近い人びとが「トマホークくるな」と人間の鎖をつくり、海上デモを繰り広げた。

ただ、既存の平和団体の反トマホーク運動が今のところ迫力を欠いているのは否めないし、共産党を除く野党各党の取り組みもいまひとつ鈍いように思われる。


非核政策の正念場である。立場の違いや従来の確執を克服して反対運動を急ぎ束ねる努力が求められている。広範で粘り強い世論の盛り上がりこそが、非核三原則を空洞化させない決め手なのだ。米国も「持ち込まず」の厳守が、長期的な日米間の信頼維持に欠かせないことを理解すべきであろう。

解説

朝日の立場は「反米」である。

結局、ソ連は「正しい」のだから、「ソ連の中距離核ミサイルSS20の増加」という現実も、ソ連を批判する材料にはしない。それに対して、対抗的にトマホークを配備するのは絶対いけないらしい。「必然的にソ連の対抗措置を引き出し、核軍縮をエスカレートさせるに違いない」と朝日は主張するのだ。

それはその通りかもしれない。だが、そもそもこの問題を論じるのなら、ソ連の野放図な軍拡論に、そして「極東アジアへのＳＳ20の増強」に言及しなければならない。

それを批判した上で、非核を説くならまだしも、これでは明らかにアメリカを「悪役」に仕立て上げるための論説といっても、言い過ぎにはなるまい。

もっとも、逆にソ連悪玉論を展開しろというつもりもない。要するに、世界平和に対して何らかの障害を与えるような事態になったら、その原因を適確に指摘し、合わせて現実的な対策を提示するのが、社説に課せられた社会的使命であろう。

この点、読売は事態がソ連の軍拡によって生じたことを正しく指摘しつつ、一、西側諸国の結束維持、二、東西間の連絡緊密化など、具体的に指針となるべき方向を示している。理想は必要だが、それなら「戦争は悪だ。ただちにやめなさい」といえば、それで問題は解決するのか。

朝日の非核へのこだわりは、一種の宗教的執念のような感すらある。

消費税

国家百年の計――税制改革の是非を論ず

1988年12月24日、消費税関連法案採決前の竹下首相問責決議案投票で野党、牛歩戦術で抵抗

読売

税制改革は〝天の声〟である（一九八八年六月一五日）

税制の抜本改革の名に値するかどうか。自民税調が長い党内の民主的討議の末にたどりついた改革大綱を評価する際の基本的な視点はここにある。

今回の改革で追求すべき理念は公平、中立、簡素の三つだが、国民はとりわけ公平の実現に最大の関心を持っている。

裏返せば、直接税偏重の現行税制には幾多の不公平が納税者の我慢の限度をはるかにこえて存在するということだ。ここに大胆なメスを加えることは〝天の声〟である。

どのような改革にも利害対立が伴う。同じ納税者といっても、立場によって着目点は異なる。それはごく自然のことだが、改革全体の評価に当たっては、ひとまず個々の立場を超えるべきであろう。

私たちは大綱を次のように評価する。サラリーマンの大幅減税と消費税の導入は不公平是正に向けての大きな第一歩であると同時に、高齢化社会の福祉を支えるために必要な税制面からの準備であると考える。

個々の改革内容には幾多の不満がある。自民党流の利害調整の過程で理念が忘れられたと言わざるをえない場面もたしかにあった。

しかし、大筋において私たちが一貫して主張してきた線から大きくは離れていない。

税制改革の仕上げは国会の責任である。野党は党利党略を超えてこの国民的課題と正面から取り組んで欲しい。竹下首相はいままで政府、自民党の両税調の審議にゆだねる姿勢をとっていたが、今後はその政治生命をかけて陣頭指揮に当たるべきである。

所得減税を高く評価する

世論調査によると、不公平税制とは何か、という問いに対する国民の答えはさまざまである。課税の実態に即した答えもあれば、思い込みによる感情的な反応もある。

しかし、これだけはほぼ一致するのが、サラリーマンが自営業者や医師に比べて不公平に扱われている、ということである。

自民税調が政府税調の想定した以上の減税を各種控除の引き上げと累進税率の緩和で打ち出したことを強く支持したい。累進税率の緩和は英米に比較しまだ生ぬるいが、わが国の納税者の意識から見て、フラット化への第一歩としてはまずは妥当なところであろう。

一部にある高給者優遇の批判は誤りである。いまの累進度が異常に強く、高給者が不当な負担を強いられていたから手直しするに過ぎない。個人の有価証券譲渡益が原則、非課税であることも国民の多くが批判した。

納税者番号制の導入なしに正確な課税は望めないが、この導入には検討すべき点が多く、今回の改革には間に合わない。

暫定的な措置には不合理な点もあるが、原則課税に転換したことの意義は大きい。

政治家、宗教法人、医師への課税適正化は医師を除き見送られた。遺憾なことだが、これこそ税制国会で野党が対案を出すべき絶好のテーマではないか。

公明党の矢野委員長が宗教法人への課税問題から逃げないと語ったことに注目したい。また自民党の山中税調会長はパーティー券収入への源泉課税を唱えたことがある。

これらへの課税を強化してもそれによる増収はさほど大きくないとか、大事（消費税導入）の前の小事だ、という受け止め方が自民党内には強いようだが、そもそもこのような政治感覚がおかしいのである。

現実と妥協した消費税

大綱に盛られた抜本改革のもう一つの柱は消費税の導入である。現行の物品税は矛盾だらけである。それに経済実態のサービス化を踏まえれば所得、資産と並んで消費全般に応分の税負担を求めることは理にかなう。

直接税が税理論はともかく、実態面でボロボロになっていることは否定できない。そこでの不公平是正を思い切ってやるには消費税で減税財源を確保するしかない、という現実的要請もある。

売上税は世論の袋だたきにあって消えた。自民税調が消費税導入につき慎重だったことは容易に理解できる。業界と各省庁との利害調整に多くの時間が費やされた。

大綱で示された消費税の姿は所得税減税に比べてどう見てもすっきりしないが、売上税後遺症の重さを考えれば、現実的な妥協案といえよう。

政府税調の中にはEC型、非課税ゼロ、税率五%という〝理想案〟を支持する声が少なくなかった。こうした考えからすると、大綱は〝堕落型〟になる。

それにもかかわらず私たちが大綱を容認するのは、少なくとも正しい方向への第一歩であると判断するからである。

大多数の先進国が現在の付加価値税体系に到達するには長い歴史があった。わが国になじみの薄い消費税を導入しようとするのだから、現実的妥協はやむを得ない。あとは経験を積みながら、部分的な改良を重ねていくことだ。導入時の評価が六〇点でも、数年後に八〇点に仕上げれば良い。

竹下首相は陣頭指揮を

自民税調の論議に欠けていたことの一つは税制改革と行財政改革の関係である。

総論として税体系の変更を柱とする抜本改革を支持する人たちは例外なく行財政改

革の持続を求めている。行財政改革は終わり、税制改革が登場したと考えるのは誤りで、両者は並行して推進されるべきものである。

行財政改革への熱意低下はひとり自民党内だけの現象ではないが、これには六十二年度の税の自然増が巨額にのぼることがはっきりし、景気持続への強気観が広がって、引き続き本年度も相当の自然増が見込まれるようになったことが微妙に影響している。

自民税調が最終段階にきて消費税の税率決定でもめたのもこのためである。結局、三%案に落ち着いたので、増減税中立型からかなり〝純減税〟になった。そのこと自体に異を唱えるつもりはないが、その結果、六十五年度に赤字国債から脱却するとの財政再建目標が実現不能になるという大蔵省の主張は大いに気になるところだ。

政府、自民党両税調の審議終了を受けて政府は法案作成に着手し、七月の臨時国会への法案提出につながっていく。

税制改革はこれからが本番である。家計と企業でこの影響を受けないものはほとんどないのだから国会の責任は極めて重い。

政府と野党に再度、注文を出しておきたい。竹下首相には信念を持って行動することを求める。サッチャー英首相やレーガン米大統領がそれぞれの税制改革に当たって見せた確信に満ちた政治姿勢が参考になろう。

野党には徹底した審議を望む。政府案がベストとは限らない。裏取引や審議拒否は責任の放棄であることを今度こそは肝に銘じてもらいたい。

消費税法案の採決に反対する（一九八八年一二月二〇日）

朝日

中曽根内閣の時から懸案だった税制改革の扱いが重大な局面を迎えた。政府・自民党は今週中に税制改革関連六法案を参院で採決、成立させたい方針である。

しかし、われわれは国民生活に大きな影響を与える消費税法案を、このような形で成立させることには反対である。

先の売上税問題以来二年にわたる国会審議を見守ってきたが、衆院特別委員会で六法案が強行採決された経過などからみて、依然として消費税導入について与野党の合意は形成されず、国民の納得は得られていないと考えるからだ。

第一に、今度の税制改革がすんなりと国民に受け入れられるような環境が整っていないことを指摘したい。リクルート疑惑の展開は現首相、前首相はじめ政界、官界、経済界の指導者が特権を利用して、利益を得ていたとの印象を国民に与えた。

とりわけ、税制改革法案を提案した蔵相が疑惑によって辞任し、法案作成に参画した政府税制調査会のメンバーに疑惑関係者がいたことは、税制改革のうたい文句である「公正・公平」に疑問を持たせた。

政治家への信頼感はゆらいでいる。最近の世論調査が共通して竹下内閣支持率の急落、国会審議への不満を示しているのは、その反映である。政府・自民党は税制改革を強行する前に政治姿勢をただすべきだ。

第二に、消費税法案には帳簿方式、簡易課税制度など、その根幹になる部分に問題が多い。政府・自民党は六法案の採決に先立って、低所得者層対策などで公明、民社両党と取引しようとしている。しかし、こうしたつかみ金的な小手先の施策では法案の欠陥は是正できない。税制改革と福祉政策、単年度の予算措置は区別して考えられねばならない。

消費税法案の問題点は国会に提出された当初から指摘されていたものである。それが国会でいっこうに、修正されないままに成立するのはおかしい。なお国会審議に時間をかける必要がある。

第三に、これが最も重要な点だが、自民党の現在の衆参両院の議席は前首相が「大型間接税は導入しない」という公約をかかげた同日選挙で得られた、ということだ。政権が代わったとはいえ、この事実は消えない。消費税はまさに大型間接税そのものである。

したがって、自民党には、多数の力によって消費税導入を強行する資格はない。あくまでも与野党の合意にとめ、それが不可能ならば、衆院を解散して民意に問うのが、スジである。選挙の公約で「ウソも方便」が通るならば、議会制民主主義の根底が崩れる。あしき先例をつくってはならない。せめて、来年夏に予定される参院選挙で、民意を問うたうえで決着をつけるべきである。

政府・自民党は会期切れをひかえて「衆院を通過したのだから」「宮沢蔵相が辞任したのだから」「天皇陛下のご容体が心配だから」「今年のうちに片付けたい」「内閣改造もあるから」「大平内閣の時からの懸案で十分審議した」などなどの声が、政府・自民党首脳の間から聞こえてくる。

野党の一部はそのようなムードに乗せられているのではないか。

しかし、これらはいずれも、国家百年の計である税制改革を急ぐ理由としては説得力に欠ける。大衆課税である間接税導入は、あくまでも国民の十分な納得を得て、実施に移す必要がある。

与野党ともに、いま国民がなにを求めているか、真剣に考えてほしい。

朝日の主張のなかで唯一共感できるのは、「最も重要な点」としている「公約違反」の問題である。

解説

確かにこれは、あまり繰り返してもらいたくない汚点ではある。しかし、読売の主張するように「直接税が税理論はともかく、実態面でボロボロになっていることは否定できない」のである。

今にして思えば意外かもしれないが、消費税成立には根深い抵抗感が国民の間に広く存在した。

それは戦後日本の病弊ともいうべき「悪平等」の観念が国民全体を侵していたからであった。

「金持ちは悪」だから、徹底的に税金をしぼり取ってやれ、だから累進課税は高くて当然で、逆に国民全部から取る消費税などとんでもない――この根深い「信仰」が日本をその後いかに蝕《むしば》んでいったか、二十一世紀になった現在、おそらく日本人の多くが身にしみて感じているのではあるまいか。

もし消費税法案すら成立していなかったら――それを考えれば、社説への評価もおのずと決まるはずである。

Ⅲ　九〇年代以降

PKO

「自衛隊派遣」をめぐる国会混乱
両紙は対立する

1992年10月13日、PKO参加の陸上自衛隊、カンボジアへ出発

「PKO」を整然と成立させよ（一九九二年六月一二日）

読売

国連平和維持活動（PKO）協力法案が、衆院国際平和協力特別委員会で自民、公明、民社三党の賛成多数で可決された。「徹底審議」を唱える社会、共産両党はこの採決を不満とし、再び牛歩などの物理的抵抗により、同法案の衆院本会議での週内成立を阻止する構えだ。

しかし、審議はすでに尽くされており、これ以上埋め難い対立点については、議会制民主政治のルールに従って、多数決原理により決着をつけるべき段階に来たと考える。社、共両党が、前時代的な抵抗に走るのをやめ、同法案が混乱なく成立することを期待する。

同法案が成立すれば、日本は、平和維持のための国連の活動に対し、資金面の協力だけでなく、人的協力の面でも実効ある役割を果たすことが可能となる。

衆院の社、共両党などは、参院における自、公、民三党による再修正は「同法案の根幹にかかわる重大な修正」だとして衆院での徹底審議を要求する一方で、廃案を求める根拠として「再修正によっても同法案の本質は変わらない」と、矛盾する主張を重ねてきた。

参院で再修正されたのは、平和維持隊（ＰＫＦ）の「参加凍結」と、派遣に当たっての「国会の事前承認」の二点だ。これらはＰＫＯ法案に対する一部の不安感を取り除くと同時に、社会党や連合参議院との接点を求めようとする公明、民社両党の考えによるものだった。このことは、社会党なども十分わかっていたはずだ。

それなのに、反対派の意向をくんだこれらの修正がなぜ「重大」なのか。

ＰＫＯ法案は、すでに三国会にわたって審議され、衆院では計七十二時間にわたる審議のあと、前国会で可決、参院へ送られた。ＰＫＯに参加する自衛隊は、現職のまま併任とすることが活動の実効を上げるうえで最適だ、という衆院での結論が出されたわけで、その時点で、自衛隊参加をめぐる論議は決着がついている。

今回、同法案が参院から衆院へ送付された際、社、共両党は、まず本会議にかけるべきだと要求した。これは明らかに審議の引き延ばしをねらった主張だ。参院での修正によって法案が再び衆院へ戻った場合、委員会に直接付託することは、衆院の先例として確立している。

社会党などは「国論は二分している」と言うが、国論を代表する国会で、自、公、民三党の多数が一致してＰＫＯ法案を支持している。この多数を否定しては、代議制民主政治は成り立たない。

結局、社会党などが言う「徹底審議」を満足させるには、自、公、民三党の多数側が、社会党の掲げる「廃案」に同調する以外に方法はないようにみえる。こんな少数派の横暴を認めることはできない。

PKO法案をめぐる国会の一連の混乱のあおりで、宮沢首相の地球サミットへの出席も困難となった。こうした重要な会議に欠席せざるを得ないようでは、日本の国際信用にかかわる。法案を速やかに成立させ、首相が出席できるよう要望する。

「自衛隊派遣」を選ぶ前に（一九九二年六月一〇日）

朝日

国連平和維持活動協力法案（ＰＫＯ協力法案）が、参院で可決された。自公民三党は、衆院本会議での趣旨説明を拒んで、直ちに委員会に付託してしまった。のっけからこれでは、対立が深まるばかりだろう。

参院での徹夜牛歩の繰り返しはさまざまな議論を呼んだ。同時に、この法案が自衛隊の組織的な海外派遣に道を開くことの重い意味を、国民に問いかけもした。

自公民三党がその気になれば、衆院では

一挙に可決、成立へと進むことも数の上では可能である。

そうしてはなるまい。国論が二分する中で派遣される自衛隊員らは、やりきれない思いがするだろう。時間は限られているが、各党は、なお国民的合意を追求する努力を尽くさなければならない。

「まあいい」はいけない

確かに、この法案には、自衛隊の派遣について当事国の同意や、紛争当事者間の停戦合意、これらが崩れた場合の独自の撤収といった条件が設けられてはいる。国連が行う平和維持活動に自衛隊の部隊を提供する、という角度でみると、「まあ、これでいいではないか」という受け止め方も出てくるだろう。

だが、もう一度考えてみたい。それですませてよいのだろうか、と。

日本は戦後一貫して、軍事的な国際行動には加わらないことを国是としてきた。もちろん、憲法九条があればこそである。法案が成立すると、紛争停止後の国連への協力という枠の中ではあるが、軍事的な仕事も引き受けようということになる。

しかも、法案自体に憲法九条とのからみで疑問がある。参院審議で自公民三党は、軍事活動の要素が多い平和維持軍（ＰＫＦ）の本体業務への参加を凍結する再修正を加えた。これらの活動と憲法九条との兼ね合いをめぐって、国民の間に割り切れない気持ちがあることを反映している。

国連の平和維持活動に人の面でも協力すべきだ、という点では、国民的合意はほぼできている。その合意が、「自衛隊派遣」となったところで崩れるのだ。

ＰＫＯ法案の前身、国連平和協力法案の廃案が決まった一昨年十一月、自公民三党間で交わされた合意文書を思い起こしたい。それは、（１）憲法の平和原則を堅持し、国連中心主義を貫く（２）自衛隊とは別個に協力組織をつくる（３）その組織は難民の救援や災害援助にも派遣できるものとする、となっていたのである。

この線に沿って、ＰＫＦ本体への参加を除外した法案をつくっていれば、社会党が今国会に提出した「非軍事、文民」の協力という対案との間で、歩み寄ることも可能だったろう。まず、自衛隊抜きで始めてみて、それでもなお自衛隊を送る必要がある、というのなら、その時点で改めて国民の信を問うのが正道であったと思う。

残念でならないのは、あの時の三党合意が、ほごにされたことだ。自衛隊派遣に道を開くという政府・自民党の当初の狙い通りに、この法案はつくられた。

衆院は再審議を尽くせ

衆院での再審議では、そうした経緯を踏まえたうえで、少なくとも次の諸点を詰めるべきである。

一、ＰＫＦの後方支援のうち、本体の業務と密接に関連するものについての凍結は、なぜ法案に明記せず、自公民三党の「補足見解」にとどめているのか。

一、その「見解」自体、凍結対象を「本体業務と車の両輪のごとき関係にあるような場合」と、極めてあいまいな表現になっている。その判断はだれがするのか。

一、凍結を解除する要件は何か。

一、凍結されない後方支援業務への自衛隊の派遣は、なぜ国会の事前承認の対象にしないのか。

一、国会の事前承認について、衆参両院に対し「七日以内に議決するよう努めなければならない」という規定は、国会審議を制約するものではないか。

われわれはいま、自衛隊の海外派遣に踏み出すかどうかの歴史的な選択を目前にしている。そのことをはっきりと自覚したうえで、この法案の内容について、ぎりぎりまで審議を尽くすよう、衆院の全議員に強く求めたい。

解説

ここで、あえて先輩作家豊田有恒氏の言を引用させて頂きたい。

「日本のPKOを別組織で――という意見が支配的だが、そんなことは不可能だ。組織的に動ける職能集団でないと、駄目だろう。早い話が、自給自足で任務を遂行できないと、かえって他の国々のPKOの足手まといになってしまう。故ハマーショルド国連事務総長の言葉を、よく嚙みしめてみるべきだ。〈PKOは軍隊ではない。だが、その任務は軍人にしか遂行できない〉」

これで十分だろう。「自衛隊派遣」に難色を示す朝日が、いかに世界の常識にはずれているかがわかるはずだ。もう一つ付け加えておけば、PKOの現場は「戦場」なのである。いや「元戦場」だと朝日は言うかもしれないが、結局同じことだ。要するに、こういう現場に派遣される人々は、身を守る術を持っていないと、本人たちも危険だし、他の人々の足手まといにもなり、最終的に平和維持活動も阻害されることになる。

これも読売に比べて朝日はいかに非常識なことを言っていたかという「史料」として、後世に申し送るべきものかもしれない。

村山社会党、安保・自衛隊政策転換

政治の急転回と社説との乖離は問題がないのか

1994年6月30日、村山内閣成立

「自衛隊合憲」答弁に明確な裏付けを（一九九四年七月二一日）

読売

半世紀近くにわたって自衛隊違憲論を唱えてきた社会党が、ようやく合憲論へ踏み出した。

村山首相は二十日の衆院本会議で、羽田前首相の代表質問に対し、「私としては、専守防衛に徹し自衛のための必要最小限度の実力組織である自衛隊は、憲法の認めるものであると認識する」と答弁した。

社会党の自衛隊政策は、違憲だが法律に基づいて存在しているという「違憲・法的存在」論や、「自衛隊の存在を直視する」との「党改革のための基本方向」（九一年）などと少しずつ変化はあったが、違憲ということでは一貫していた。

このため、細川連立政権での社会党閣僚は、閣僚としては政府の合憲論に従い、党員としては違憲論と使い分けした。そもそも許されることではなかったが、社会党委員長が自衛隊の最高指揮官である首相になった今、もはや使い分けも不可能になったのである。

首相答弁は、現在の自衛隊が合憲と明言しているわけではなく、あいまいさを残しているが、基本的部分で合憲論へ転換した

らない。安保体制の意義も方向も冷戦期と冷戦後では当然違うし、駐留米軍の役割も変わったはずである。いま求められているのは、米国と一緒に安保体制を再点検し、維持するものと手直しするものを精査することである。

解説

「天に唾《つば》する」という言葉がある。社会党「転向」問題に関する朝日の態度はまさにそれだろう。

「ともすれば極論な自衛隊違憲論に閉じこもりがちで、現にある自衛隊をどうコントロールするかという」「もっとも肝心なことがお留守になっていた」「違憲論に寄りかかったまま、見るべきものを見ず、正すべきものを正さず、という姿勢が党内には見られた」と朝日は社会党を批判するが、この評言はそっくりそのまま朝日にあてはまるというのが、戦後の朝日の論調を知る者の常識だろう。

社会党に対して、この批判はまさに正鵠《せいこく》を得ている。その通りには違いない。しかし、社会党をこのように批判できるのは、「社会党が自衛隊違憲、安保条約反対を棄てない限り、政権を担う資格はない」と指摘し続けてきた読売であって、社会主義コンプレックスにとらわれた左翼的マスコミの代表である朝日ではない。

問題は、朝日がこのような、まさに「読売的」な視野に立って、社会党を批判するというなら、朝日は社として、この社会党の政策経緯を基本的に妥当なものと考えるのか、それともそうではないのか、明確にする必要があるのではないか。

岩國哲人氏も、一九九四年八月十四日付の朝日の紙面批評で、政治の急転回と社説（特に朝日の社説）との乖離《かいり》を指摘し、「判断をさけてきた朝日も、現状の自衛隊を合憲と判断するのか、明確にする必要がある」と批判している。まったく同感である。

憲法改正試案発表

読売の試案提示を朝日はどう受けとめたのか

讀賣新聞
THE YOMIURI SHIMBUN
1994年(平成6年)
憲法改正、読売新聞社が試案
自衛力保持を明記
大量殺傷兵器を禁止
「憲法裁判所」創
人格・環境権盛る
改正試案の主な内容

1994年11月３日、読売新聞朝刊一面

実りある憲法論議を目指して（一九九四年一一月三日）

読売

読売新聞社が、三年近くにわたり続けてきた憲法見直し作業が、一区切りといえる段階を迎えた。今日の紙面で公表した憲法改正試案は、その作業結果である。

わたしたちは、これまでも、日本のあるべき姿、進むべき道、そのための方策などについて、さまざまな主張、提言をしてきた。このたびの憲法改正試案の提示は、そうしたわたしたちの姿勢の延長である。

大きく変わった世界と日本

現行憲法が制定されてから、まもなく半世紀が過ぎようとしている。この間に、戦後の荒廃と貧窮にあえいでいた日本は、世界第二の経済大国へと変貌《へんぼう》した。一方、東西冷戦下にあった世界は、社会主義体制の自壊によって激変し、先行きの不透明な時代を迎えている。

こうした日本と世界の巨大な変化を踏まえ、二十一世紀に向けて日本はどうあるべきかという課題を、政治、経済、社会など全体にわたって考えるとき、国の基本となる憲法の在り方という問題から目をそむけるわけにはいかない。

日本ではこれまで、憲法改正論議といえば、とかく憲法第九条をめぐる自衛隊違憲・合憲問題に限定され、「戦争か平和か」といった形で過度に単純化されて、憲法改正論議自体がタブー視されてきた。

戦後のドイツが、憲法（基本法）の多様な分野にわたり、四十一回も改正を重ねているのをはじめ、世界各国の憲法改正の動向と比較すると、日本は、異様といってよいような状況にあった。

ところが、世界の激変と国内政治流動化の結果として村山連立政権が成立すると、社会党が、自衛隊違憲論から合憲論へと、憲法解釈を百八十度転換した。

社会党は、憲法改正論議をタブーとしてきた、いわゆる「護憲」運動の政治的中心勢力だった。しかし、その「護憲」とは、もっぱら、「親ソ反米」イデオロギーを背景とした憲法九条改正反対＝自衛隊違憲論だった。

そうした歴史的政治・社会状況を考えると、社会党の政策転換によって、九条解釈を軸とした戦後日本の政治的対立構図が、基本的に解消されたといえる。

国際的な信頼感高めるために

やっと、日本でも、憲法改正問題を、「戦争か平和か」といった情緒的な次元を超えて、冷静に議論できる条件が整ってきたということだろう。

ただ、自衛隊をめぐる違憲・合憲問題が政治的には決着したとはいえ、現行憲法の第九条は、解釈の混乱を招きやすい表現になっていることも事実である。

読売憲法改正試案では、「自衛のための組織を持つことができる」という表現で自衛隊の位置づけを明確にするとともに、核兵器を含む無差別大量殺傷兵器の保有禁止、徴兵制の禁止などにより、軍事大国化への歯止めをも明確にした。

日本が再び国家主義、軍国主義に逆もどりするような可能性は、国民の歴史的体験、議会制民主政治の定着、産業社会の構造等からして、全くありえない。が、経済大国日本がこうした自己抑制を明確にすることは、国際社会における日本への信頼感を高めることにもつながるのではないか。

基本的人権の拡充も必要だ

一方、国際情勢の変化と日本の国力の増大に伴い、日本が国際社会から求められる役割と責任の内容も多様化してきた。試案で、新たに「国際協力」の章を立て、国際的活動への積極的な参加をうたったのも、こうした時代の要請にこたえようとしたものである。

憲法見直しの視点が、九条問題に限られるわけではないのは、いうまでもない。

現行憲法の国民主権、基本的人権の尊重、平和主義という基本精神は、いずれも将来にわたって堅持しなくてはならない人類普遍の原理である。しかし、これらの原理を堅持していくには、時代の変化に沿って、国民がたえず点検し、磨きをかけ、かつ拡充していかなくてはならない。

たとえば、憲法制定当時には予想もつかなかったような工業化と開発の進展・拡大により、環境問題が人類的課題となっている。また、半世紀前とは比べものにならないような出版・映像文化の発展や、情報関連技術の発達、社会構造の複雑化に伴い、プライバシーをめぐる権利意識が世界的に高まってきた。

環境権やプライバシー保護などの新しい人権規定を憲法に明文化するのが、近年の世界の流れとなっている。

日本でも、環境権をはじめとする新しい人権の確立を目指す市民運動や政治運動がある。本来なら、そうした運動の中からこそ、より良い憲法を作ろうという提唱が出てきてもいいはずだ。改憲論議のタブー視が、人権運動の発展に限界を設ける結果になってしまっているのではないか。

幅広い視野の国民的論議を

憲法判断がらみの訴訟が、十年、二十年といった長期裁判化しがちなことも、一面では人権問題でもある。西欧諸国を中心に憲法裁判所を設ける国が増えていることなども、注目したい流れである。

読売憲法改正試案では、こうした課題についても、具体的な条文の形で検討結果を提示した。

この二、三年、憲法をめぐる国民意識に変化が表れ始めている。各種の世論調査で、憲法改正に賛成の意見の人が、反対意見を上回るようになってきた。また、読売新聞社の調査では、改正派、非改正派を超えて、全体の六五％が憲法論議を「望ましい」と答えている。

政界再編への動きに関連して、政治の世界でも、憲法問題への対応をどうすべきかということが、焦点の一つとなっている。だが、いぜん、安全保障問題だけにとらわれた議論に傾きがちのようだ。その結果として、憲法論議そのものを避けようとする姿勢も目立つ。政党も、もっと広い視野から憲法論議を進めるべきだろう。

もとより、わたしたちの試案が、完全なものだというつもりはない。試案についての疑問や欠陥の指摘は、大いに歓迎するところである。そうした指摘や批判を通じて、憲法をめぐる国民的論議が高まることこそ、わたしたちの願いである。

「とにかく改憲」を排する（一九九四年一一月二三日）

朝日

憲法を変えようという提言が、今年に入って相次いでいる。

四月に関西経済同友会が「日本国憲法を考える」を発表した。六月、中曽根康弘・元首相が会長の世界平和研究所が「日本の総合戦略大綱」を出した。七月には経済同友会が「新しい平和国家をめざして」を公表した。八月、日本経済調査協議会が「国連改革と日本」をまとめた。十一月初め、読売新聞社が「憲法改正試案」を打ち出した。ニュアンスの違いはあるものの、直接あるいは間接的に改憲の方向を打ち出した点で、提言は共通している。

改憲運動には何回かの高まりがあった。一種の提言ブームの様相を見せている今年の動きにしても、そうした過去の流れと無縁ではない。同時に、今回はこれまでとは異なる、いくつかの特徴がある。

改憲運動に新たな潮流

まず、背景としては、一九九〇年代初頭の湾岸戦争があった。当時、軍事力の行使を伴わなければ国際貢献とはいえない、とする意見が内外で急速に高まり、それに基づくさまざまな憲法の勉強会が生まれた。その結論が今年になって次々にまとまり、提言ラッシュとなったのだろう。

特徴としては第一に、内容に濃淡はあるが、改憲提言の口火を切ったのが東西の両有力経済団体だ、ということ。第二に、さまざまな読者によって支えられている大新聞社が提言に加わり、具体的な改憲案を各条文ごとに示したことだ。

第三に、各提言が、これまでに増して、改憲の対象を広げたとの印象をあたえようとしている点である。

従来の改憲運動は、マッカーサー憲法からの脱却を、といったスローガンを掲げながらも、実際にはソ連脅威論を念頭に置いた憲法九条改定、つまり憲法で明確に自衛隊を認知させ、「戦力」の保持・充実に焦点を絞ったものが多かった。

ところが今回は、自衛隊合憲の明確化は当然のこととしたうえで、一部提言は、国際貢献のための自衛隊の海外派遣を憲法で明文化するよう求めている。同時に、どの提言も、人権、環境、地方自治など、最近とみに関心が高まっている問題を取り上げている。

冷戦後、地球のあらゆるところで変化が起きている。紛争の形態が変わり、処理の仕方が変わった。国境の権威が薄れ、国家が揺るぎだした。国家の権限や人権などの課題にしても、これまでの意識や判断だけでは解決できない問題が増えつつある。だから、こうしたテーマが改憲論議の対象となるのは時代の要請でもある。変化に対応して憲法や法令を見直していくのは、政治の当然の任務であろう。

憲法九条のプラス面を

しかし、改憲提言の範囲が広がった理由が、そういう前向きのものだけとは思えない。提言のすべてが、変革を正確に先取りし、それに備えて十分に練られたものとは必ずしも言えないからだ。もし、海外派兵の容認など、憲法九条がらみの改憲志向だけを突出させたのでは、国民の反発と不安を招く、との判断からのものだとすれば、姑息《こそく》に過ぎよう。

憲法についての私たちの立場は、機会あるごとに社説で述べてきた。最近では、今年の憲法記念日の際に三回連続で取り上げた。昨年一月には「憲法論議のあるべき姿」と題して、憲法論議の原則といったものも提示した。私たちは「現憲法は十分に役立っており、改憲を目指すときではない」と考えている。

なるほど、現憲法には、こうすればもっとよくなると見えるような個所が、いくつかあるだろう。たとえば、人権がさらに守られるよう、憲法の人権条項をさらに充実するほうが、いいだろう。あってはならぬことだが、憲法九条にしても「戦力」が持てるように明記すれば、はっきりし、すっきりするとの見方もあるだろう。

だが、「すっきりする」プラスの代わりに、もっと大きなマイナスが生じたのではおはなしにならない。

自衛隊が合憲か違憲か議論は尽きないが、各種の世論調査によれば、「専守防衛に徹し海外派遣のない自衛隊なら合憲」というのが、多くの国民の認識である。こういう大方の合意を基盤に、政治が自衛隊をきちんとコントロールすれば、現憲法で問題はあるまい。

それを無理して変えてしまうと、軍拡に対する憲法上の制約はますます薄れ、対外関係で新たな波乱要因にもなりかねない。

これは大きなマイナスだ。それに昨今の世界は混迷を極めている。いまは九条を堅持しつつ、じっくりと行く末を模索し、国家像を固めるべきときである。

私たちはまた、国際貢献のための九条改定、つまり自衛隊の海外派遣を容認するための改憲論にもくみしない。私たちは、国際的で広範囲な人道援助・救援活動について、その必要性を早い段階から強調してきたが、しかし、それは北欧諸国と同様、自衛隊とは別組織の国際救援隊を創設してあてるべきだと考えている。

足元を固めるのが先だ

こういう立場から今回の改憲諸提言を読

んだ感想は、次の三つである。

一、われわれの提言は国民の憲法学習資料として提示したものだ、といわれるならば、それはもっと公平なものでなければならない。護憲、改憲など、可能な限りの資料を国民に示すことから始めてほしい。その点、経済同友会の提言が、たとえば憲法九条の扱いについて、三つの選択肢を示して判断を他にゆだねているのは、評価されていい。

一、人権、環境など、もはや放置できないのだ、といわれるならば、その意気込みは評価するが、まず足元から固めたらと言いたい。現憲法を誠実に実行するだけで、人権も環境も大いに改善されよう。

一、たとえば九条改定の具体的文言を示した提言の一つを読むと、これまた、人によってはいかようにもとれる表現になっている。改憲して、新たな解釈改憲が必要にならないとも限らない。

自律こそマスコミの命

最後に、大新聞による改憲提言の是非について考えてみたい。

個人であれ団体であれ、あらゆる問題について自由に発言し、提案し、訴える権利を持つ。これは民主社会の鉄則であり、私たちはこれをどこまでも守る決意である。今回、読売新聞社が改憲試案を出したことは同社の自由であり、そのこと自体を批判することは当を得ないと考える。

だが、その権利は擁護しつつも、私たちは、具体的で逐条的な改憲試案まで提示した読売新聞社と同じ道を歩むことはない、ということを明確にしておきたい。もちろん、憲法問題について提言もせずキャンペーンもしないというのではない。逆に、そうした活動を活発におこなうためには、客観的で公正な報道を貫くべき言論機関として、おのずから律するものが必要だ、と信じるからである。

憲法論議は、それ自体が国論を二分する最高度に政治的な問題である。それだけに実りある議論のためには、多彩で豊富な資料と活発な対話が欠かせない。心して報道し論ずるつもりである。

解説

問題を先送りしてはならない、としばしば朝日は主張する。新たな事態、予想もできなかった問題に、人間の社会は対応して法律を変えてゆく。法治国家というのはそういうものでもある。

ところが、他の問題では「進取の気象」を示し、場合によっては法整備の不備を叱咤する朝日が、一貫して「半世紀も前の法律のままでいい、絶対変えるな」と主張するものがある。

それが日本国憲法である。

「現憲法は十分役立っており、改憲を目指すときではない」と朝日は主張する。そして、

「たとえば、人権がさらに守られるよう、憲法の人権条項をさらに充実するほうが、いいだろう。あってはならぬことだが、憲法九条にしても『戦力』が持てるように明記すれば、はっきりし、すっきりするとの見方もあるだろう」と付け加えながらも、「無理して変えてしまうと、軍拡に対する憲法上の制約はますます薄れ、対外関係で新たな波乱要因になりかねない。これは大きなマイナスだ」と主張する。つまり「改憲すべきではない」ということだろう。

この主張は、まず「社説」などという名に値しないものである。論説という言葉の意味を、これを書いた朝日の社説子はご存じないのではあるまいか。

よく読んで頂きたい。なぜ憲法を変えると「軍拡に対する憲法上の制約はますます薄れ」るのか？　憲法は将来、どのようにも変えられる。もちろん軍拡が容易なようにも変えられるだろうし、逆に軍拡がまったく不可能なようにも変えられるだろう。今のところどちらにもできるし、これこそ民意で決めるべきことだろう。

それなのに「改憲」すれば、「軍拡に対する憲法上の制約はますます薄れ」るとなぜ言い切れるのか。朝日の社説の文章にはまったく論理的必然性というものがない。だから論説の名に値しないのである。

こういえば、おそらく朝日の社説子は、「無理して変えてしまうと」と書いているではないか、限定された条件のもとではそうなる可能性があるといっているので、常にそうなるとは決めつけていない、と反論してくるかもしれない。

では具体的に「無理して」とは、どういう状況を想定しているのか？　まさか革命やクーデターによる改憲を想定しているわけではあるまい。

では、どんな状況か？　仮に「多数派」が反対を「押し切る」形で決めたということなら、それは「無理して」とはいえない。なぜなら憲法にはきちんとした改正規定があり、国会議員の三分の二、国民の半数の賛成があれば変えられるからだ。平たくいえば国民の一〇〇人のうち四九人が絶対反対でも憲法改正はできるのである。それが現行憲法が保証している民主主義のルールというものである。

しかし朝日の社説子はこういう状況も、「無理して」だと、とらえているのだろう。それは民主主義に対する重大な誤解であり、改憲すれば「軍拡」になるというのも、一方的な偏見としかいいようがない。

一方、読売が主張するように、現行憲法がさまざまな問題点を持つということは、否定しきれない事実だ。それならば、こうした欠点をいかにして克服するか、積極的かつ具体的に立案を考えることこそ、多くの国民の利益につながる民主主義の常道であろう。

とくに問題なのはやはり九条で、条文に「戦力は保持しない」と明記しながら、自衛隊という戦力を実際には保持しているというのは、どう考えても異常事態である。朝日は、たとえば旧軍が戦死を「玉砕」といったり、退却を「転進」などといった言葉のゴマカシには強く反対するだろう。ジャーナリストなら当然のことで、これには朝日も読売もあるまい。では自衛隊というゴマカシが、最高法規である憲法の上に存在するということだけは、なぜ無視するのか。「合憲か違憲か議論がつきない」のは、現行憲法に明らかに欠陥があるということだ。欠陥は直すべきではないだろうか。

讀賣 社説対決 VS 朝日

集団的自衛権行使 vs 兵役拒否国家

二つの安保論議がぶつかった憲法記念日社説

1996年の環太平洋合同演習（リムパック）に参加する海上自衛艦

読売

戦後五十年を超えて――建設的安保論議へ転換の時（一九九五年五月三日）

戦後五十年の節目に立ち、日本は、冷戦後の安全保障をどのように考えるのか、阪神大震災や地下鉄サリン事件で問題になった「内なる安全保障」をどう構築するかという深刻な課題に直面している。

憲法記念日にあたり、読売新聞社が「総合安全保障政策大綱」を提言するのは、これらの課題について幅広い国民的論議が不可欠だと思うからだ。

読売新聞社は昨年十一月三日、「憲法改正試案」を発表した。大綱はこの試案に基づき、国の防衛だけでなく大災害やテロ、騒乱など、国民の生命や財産を脅かすあらゆる脅威から、どのように国民を守っていくかという安全保障の基本命題についての一つの解答を示したものである。

憂うべき「安保論議回避症」

戦後の五十年、日米安保条約の是非論など、安全保障をめぐってはさまざまな論議があった。しかし、日本の安全保障をどうするのかについて、ぎりぎり詰めた議論の深まりは果たしてあっただろうか。「否」と言わざるを得ない。

なぜだろう。第一は、安全保障論議の中心になるはずの自衛隊について、違憲、合憲論議に多くが費やされたことが挙げられる。イデオロギー的な〝神学論争〟から抜けられず、内容の議論に入れなかった。

第二は、より大きな背景として、米国の圧倒的な軍事力による庇護《ひご》があったことを見逃すわけにはいかない。米国の核のカサの下で、安心して、「経済優先・軽武装」路線を追求できたのである。

同じ第二次大戦の敗戦国でありながら、安全保障と憲法の問題を一つ一つ解決してきたドイツの戦後の歩みと比較すれば、日本の特殊性がよくわかる。

西ドイツでは、一九五四年、防衛は連邦の専属立法権に属するという基本法(憲法)の改正を行って、将来の再軍備を可能にしたうえで、五六年に軍隊の設置や徴兵義務を憲法で明文化した。

六八年には、非常事態に対応するため憲法の大幅改正を行った。国内は激しい論議に包まれたが、与野党が具体的な案を示して合意形成が行われた。

東西冷戦の最前線に位置した西ドイツと日本を単純に比較するのは、無理があるかもしれない。

しかし、国や国民の生存の基本にかかわる安全保障についてあいまいにすることなく、憲法を改正することで対応してきたドイツの歴史から学ぶものは多い。

村山政権誕生に伴い社会党が自衛隊合憲、日米安保条約堅持に転換、ようやく与野党が同じ土俵で安全保障論議を行うことが可能になった。

にもかかわらず、事態はむしろ逆になっている。昨年暮れの防衛予算編成にみられるように、連立政権に亀裂が生じることを恐れるあまり、極力論議しないという〝安保論議回避症〟とも言うべき現象が自社両党を支配している。

政治が真剣な対応を怠ってきたという意味では、防衛問題だけでなく、大災害などを含めた広い意味での安全保障に対しても同様である。そのツケは、何よりも阪神大震災ではっきり表れたと言っていいだろう。

こうした態度はもはや許されない。

戦争や大災害、テロなどあらゆる事態に備えることは、国の最低限の責任だ。

総合安全保障政策大綱の大きな柱になっている緊急事態に関する規定は、基本権の一部制限を伴うだけに、かねてから根強い反対論がある。

しかし、平時に法整備を怠れば、緊急事態の際に、何らの規定もないまま法や憲法を超えるような措置を許さざるを得なくなる。むしろその方が危険である。だからこそ、多くの国で緊急事態や非常事態について憲法で明文化しているのである。

緊急事態への備えは国の責任

大綱では、首相が緊急事態を宣言する際国会の承認が必要なことや、緊急措置が法律に基づくものであることなど二重三重の歯止めを設けている。

緊急事態の際、首相に一元的な指揮監督権を与えることについては、乱用の危険や地方分権に逆行するなどの批判もあろう。しかし、その必要性は阪神大震災の教訓からも明白だ。読売新聞の世論調査でも九〇%の国民が必要と感じている。

七〇年代に有事立法が問題になった際、自衛隊違憲論を背景に、有事立法は軍国主義の復活であるとの議論が声高に叫ばれ、論議すること自体を封じてしまった。不幸なことだったと言わなければならない。

自衛隊については、各種の世論調査等でも違憲論は少数派になったものの、担うべき任務に関してはさまざまな意見がある。大綱では、国の防衛や災害派遣とともに、国連平和維持活動（ＰＫＯ）を自衛隊の主要任務の一つとして位置づけている。

ＰＫＯへの参加は、平和な世界での自由な通商が国の存立の前提である日本にとって、二十一世紀に向け、積極的に役割分担していくべき国際的責務である。

ＰＫＯでの武器使用については、憲法で禁じられている武力行使＝侵略戦争と混同してはならない。国連の「集団安全保障」の一環としての行動と、主権国としての個別的、集団的自衛権の行使とは、明確に区別する必要がある。

「日本人は、安全と水は無料で手に入ると思い込んでいる」としばしば指摘される。国民や国の安全は、所与の自明のものとして「ある」のではない。不断の努力によって作り上げなければならない。

新聞には、事実をできるだけ正確、公正に報道するという報道機関としての機能と、重要な問題について論評し、見解を示すという言論機関としての機能がある。

今回の大綱のように、国民的課題について提言することは、言論機関としての新聞の当然の責務であると確信している。

国際協力と憲法――「非軍事」こそ共生の道（一九九五年五月三日）

戦後50年　朝日新聞は提言します

（1）国際協力法を制定し援助の充実を
（2）平和支援隊で従来型ＰＫＯに参加
（3）理想先取りの九条は改定の要なし
（4）自衛隊は国土防衛的な組織に改造
（5）冷戦型から地域安保型重視へ転換
（6）国連健全化をめざし改革の先頭に

朝日

人類と地球を守るために日本は何をすべきか――敗戦五十年という節目の年を迎えるにあたって、朝日新聞はこの五年間、全社規模で討議を重ねてきた。憲法記念日のきょう、その成果を踏まえて執筆した社説と特集「国際協力と憲法」を掲げ、読者とともに考える素材としたい。

益より害が大きい改憲

私たちの結論は次の二点に集約される。

(1)現憲法は依然としてその光を失っていない。改定には益よりもはるかに害が多く、反対である(2)日本は非軍事に徹する。国際協力にあたっては、軍事以外の分野で、各国に率先して積極的に取り組む。

つまり非軍事・積極活動国家だ。国と個人の違いを承知のうえで、あえて比ゆ的に言うならば良心的兵役拒否国家、そんな国をめざそうというのである。

個人の良心的兵役拒否は、米英仏などの先進諸国ですでに法的に認められている。徴兵制をとっているドイツも、基本法(憲法)で「何人も、その良心に反して、武器をもってする軍務を強制されてはならない」と定めている。こういう考え方を国家にあてはめてみてはどうだろうか。

血を流すことが国際協力だと言う人は、これを利己的すぎると非難するだろう。個人の良心的兵役拒否も、長い間、批判され圧迫を受けてきた。だが、個人であれ国であれ、「殺すな」という信条を貫こうとすれば、これしか方法はあるまい。

しかも、これを貫くには強い意志と忍耐力が要る。というのは、ほとんどの国で、良心的兵役拒否者は代わりの仕事を義務づけられているからだ。医療や福祉など、ときには兵役以上に過酷な条件のもとで、彼らは働いている。国の場合も当然、これに準じることになる。

そういう非軍事・積極活動国家、あるいは良心的兵役拒否国家への道標として、私たちは「六つの提言」をまとめた。

提言にあたっては、西暦二〇一〇年ぐらいまでを視野においた。もちろん、激動する時代である。朝日新聞は世界の変化に対応して、今後とも提言の見直しを怠らず、論説委員室を中心にその作業を続けるつもりである。

敏速に動く平和支援隊

提言の第一は、非軍事の国際協力で世界の先頭に立つ日本が進むべき、具体的な道筋とそのあり方である。

二〇一〇年の世界を想像してみよう。人口の激増と生活環境の悪化で、貧困と格差をめぐる対立が一段と先鋭化しているだろう。ほうっておけば地域紛争はますます増え、難民も急増しかねない。

それを予防するためには、いまのうちに手をうつ必要がある。具体的には、平和と人権を世界に広げる日本国民の決意をうたいあげた「国際協力法」を制定するのだ。政府の途上国援助（ＯＤＡ）の質的改革を求めるとともに、非政府組織（ＮＧＯ）とあわせて車の両輪としたい。

第二の提言は「平和支援隊」の創設だ。将来に向けた「予防」策とともに、いま、現に、紛争や災害で人間的な暮らしを送れない人びとをどうするか。自衛隊とは別組織の平和支援隊は、そういう人道的救援や災害救助のために敏速に動く。

平和支援隊は同時に、非軍事の枠内に限って、国連の平和維持活動（ＰＫＯ）にも積極的に参加する。隊員の一部は護身用の小火器をもつが、平和支援隊は戦闘集団ではないから、その活動も正規の軍隊とはまったく違う。平和執行軍や多国籍軍に参加することもありえない。

第三の提言で私たちは、自衛権に基づく自衛組織の保有を憲法は禁じていないとの立場を明確にしたうえで、現憲法、とくに九条の改定に強く反対する。

戦争や武力行使を放棄した九条は、人類の願いを率先してうたいあげた理想主義的な規範である。九条がつくった戦後日本の枠組み、なかでも「軍事が他に優先する」ことを否定した鉄則は、かけがえのないものだ。改憲で失ってはならない。

軍縮で高まる国の安全

それでは、合憲の自衛組織とはどういうものか。その基準と限界を提言の第四で明示しよう。いわゆる専守防衛型の装備と編成に徹し、海外派兵は許されない。現在の自衛隊は、すでに許される自衛力の範囲を逸脱している疑いが濃いので、まず装備と隊員を削減し、あわせて目的、組織、編成など全面的に改造する。

世界の戦略環境から見て、少なくとも来世紀初頭までは、日本が直接の侵略対象になる可能性は低い。中国や朝鮮半島など、不透明な要素は否定しきれないが、ソ連脅威論をもとに増強された冷戦型の現自衛力は大きすぎる。たとえば陸上自衛隊を段階的に半減したとしても、国の安全が直ちに損なわれることはない。むしろ、それが周辺国の軍縮の呼び水になれば、それだけ日本の安全度は高まろう。

第五の提言は、アジアの平和のための組織づくりと日本の役割である。日米両国は冷戦型の安全保障体制を見直すこと、とくに在日米軍基地を撤去・縮小すること、そのうえで、予防外交や軍備管理の機能をもつ欧州安保協力機構（ＯＳＣＥ）型組織が今世紀中にアジアでも発足できるよう、協力することが大事である。

最後に、日本は国連改革の先頭に立て、ということを具体的に提言したい。安保理事会の拒否権については段階的廃止を提唱し、また新常任理事国問題では、日独両国

戦後五〇年国会決議

決議そのものに反対する読売
朝日との違いは

1995年6月9日、戦後50年国会決議の政府声明を読み上げる村山首相

読売

なんのための〝不戦決議〟なのか（一九九五年三月三〇日）

いわゆる〝不戦決議〟をめぐる連立与党内の動きは、統一地方選までに実現、という社会党の主張が通らなかったあと、こんどは、五月の村山首相訪中までに、という動きになってきているようだ。

しかし、この問題は、一政党や一政権の政略的都合を超えた性格のものであるということを、重ねて指摘しておきたい。

先の戦争での日本の行動に侵略的なものがあったことは否定できない。だが、戦争にかかわる歴史全体はきわめて多面的なものであり、また、現実に多様な歴史解釈が存在する。そうである以上、立法府である国会が決議の形で、特定の歴史解釈を〝確定〟してしまうこと自体に疑問がある。

まして、与野党内に混在する異なる歴史観を、足して二で割る「国対政治」的な感覚で総括するなど、無意味であるだけでなく、かえって将来の歴史論議に混乱をもたらしかねない。

「決議」を主唱してきたのは社会党だ。その社会党が最近まとめた決議の原案骨子には、第一に「過去の戦争に対する認識（侵略行為と植民地支配）を明確にするとともにに、反省と謝罪の意を表す」とある。

だが、「過去の戦争」とはどの範囲を指すのか。「植民地支配」への反省や謝罪といえば、朝鮮半島だけでなく、台湾をも対象にしなくてはならないだろうが、それと直接関連する日清戦争までさかのぼって反省や謝罪の意を表すのか。

そうした点について、社会党からの明確な見解は出されていない。

原案骨子には、「不戦と平和への決意」という表現もある。だが、社会党は歴史的に「不戦」という言葉を、自衛隊違憲・非武装中立論という主張の文脈の中で使ってきた。しかも、その非武装中立論は、社会主義平和勢力論に象徴される偏った歴史観と不可分の形で展開されてきた。

社会党は、そうした偏った歴史観を掲げていたことについて、国民に反省や謝罪の意を表したことはない。また、自民、さきがけとの三党合意の時点では、いぜん、自衛隊違憲・非武装中立論の立場だった。

社会党がいう「不戦」が、自衛権の否定にもつながるのではないか、という懸念を生んでいるのは、こうした社会党の過去とからんでいる。

新進党の海部党首らも「不戦」決議を提唱しているが、これも、先の戦争にかかわる歴史全体を党内で詰めて議論し、慎重に言葉を選んだ結果のようには見えない。

連立与党内にクサビを打ち込む狙いなど

といった指摘もあるが、そうした政略的思惑で、この問題に対処するようなことがあってはなるまい。

政府としては、すでに、歴代の首相が、先の戦争への反省を表明している。戦後五十年の節目ということで、改めて首相談話等を出すことがあってもいいだろう。また、各党が政党としての責任において声明を出すのもいいだろう。

しかし、「決議」をすべきかどうか、という議論自体が内外に混乱を招くような国会決議などすべきではない。

泥を塗られた国会決議（一九九五年六月一一日）

朝日

恥ずかしい。悲しい。やり切れない。こうした形容詞をいくつ重ねても、足りない気持ちである。

戦後五十年の国会決議は九日夜に衆院で採択されたが、与野党の話し合いがつかぬまま新進党が全員欠席したほか、与党からも大勢が欠席し、賛成が議席の過半数に満たない異常な形になってしまった。

これが、戦後五十年にあたって国民を代表し、過去を反省して未来の平和を誓い合う、という国会決議のありようだろうか。せっかくの機会に、泥を塗られたような思いである。

決議の文案は与党三党による激しい議論の末、ようやくまとまったものだ。決して自慢できる内容ではないが、それでも「全会一致」を原則とする国会決議であればこそ、幅広い合意を得るためには仕方のない、最低限の内容だとも考えていた。

それなのにこの有り様だ。一体何のために「全会一致」の文案にこだわってきたのか。相次ぐ反対・消極派の発言や、決議の案文に、ただでさえアジア諸国からは強い反発が出ていた。そのうえ今度の結末を、何と説明すればいいのだろうか。

責任は与野党の双方にある。

新進党が示した修正案は「侵略的行為」や「植民地支配」への「反省」の意を一歩強めたうえ、「核廃絶」の決意も盛り込む中身だった。確かに与党の受け入れが望ましい提案であり、もう少し時間をかけても合意を探るべき中身だった。

しかし問題は、新進党がどこまで本気で修正を考えたか、その真意にある。この党の中にも決議の反対・消極派が少なくなく、党内はとてもこの修正案で一本化できないのが実態だったと思えるからだ。

新進党が先に発表した「戦後五十年の党声明」は「侵略」も「植民地」も明記できず、決議の与党案よりあいまいな中身だった。それなのに執行部が土壇場で突然このような修正案を示したのは、自民党が受け入れないのを見越しつつ、時間稼ぎや与党揺さぶりを狙ったからではないか。

しかも残念なのは、新進党代議士だった山口敏夫、中西啓介両氏の証人喚問問題と絡み合い、決議が政争の具のように扱われてしまったことだ。

来週半ばに国会が事実上幕を閉じるのを前に、新進党は喚問をかわすため決議に時間をかけようとした。一方、決議を優先して、いったん喚問見送りに傾いた与党は、「取引だ」と厳しい批判を浴びて強気に転じた。一連の動きはそんな風に見える。

喚問と決議はまったく別の問題だ。しかもこの決議は「戦後五十年」を背負い、世界の視線も浴びる中、国の針路に深くかかわる重い課題だ。他の問題とは切り離し、国益のために与野党が政治休戦してでも合意を目指すべき事柄だった。

決議案の内容を「侵略の合理化」だと全面批判する立場から、本会議に出席のうえ「反対」した共産党は、党としての筋は通した形だ。また、逆の立場から自民党の一部が確信犯的に欠席したのも、残念ではあるが理由があってのことだろう。

しかし、中には採決が週明けになるとみて東京を離れたため、夜の採決に出られなくなった議員も、自民党を中心に多かった。新党さきがけ代表の武村正義蔵相までその一人になってしまったが、決議に取り組む姿勢の軽さが象徴されていないか。
今国会に残された時間はほとんどない。
決議は参院でも予定される。こんなときこそ与野党とも良識を示さなければ、参院はいよいよ要らない、といわれよう。

解説

戦前の日本がさまざまな過ちを犯したことは間違いない。しかし、それを国会議決という政治手段で決着をつけられるか、というのはまったく別の次元の問題である。

読売が主張するように、この問題ほど一概にいえないものはないのだ。だいたい「過去の戦争」とはどの範囲を指すのか。「植民地支配」への反省や謝罪といえば、朝鮮半島だけでなく、台湾をも対象にしなくてはならないだろうが、それと密接な関連がある日清戦争までさかのぼって反省や謝罪の意を表すのか、などである。

読売の書く通り、そもそも「戦争にかかわる歴史全体はきわめて多面的なものであり」「現実に多様な歴史解釈が存在する」、だからこそ、「立法府である国会が決議の形で、特定の歴史解釈を〝確定〟してしまうこと自体に疑問がある」ことも、まさにその通りなのである。

実はこれは後に起こる歴史教科書問題と同じ要素を持っている。

政治が特定の歴史解釈を「確定」してしまうことの延長線上に、国定教科書なるものが存在するわけで、戦前の日本の歴史教育がこうした国定教科書によって行なわれ、その結果、偏狭なナショナリズムが生まれたことは、朝日も、国会決議を推進した社会党も、否定できないだろう。

歴史の多様性を無視し、政治を優先させると、そういう結果を招くのである。思想の多様性、つまり自由を認めないことほど民主主義に反する行為はないのだ。だとすれば「政治休戦してでも合意を目指すべきだった」とする朝日と、「こんなものは成立すべきではない」とする読売と、どちらが真に民主的か断を下すまでもあるまい。

破防法

オウム真理教
への破防法適用
は正当か疑問か

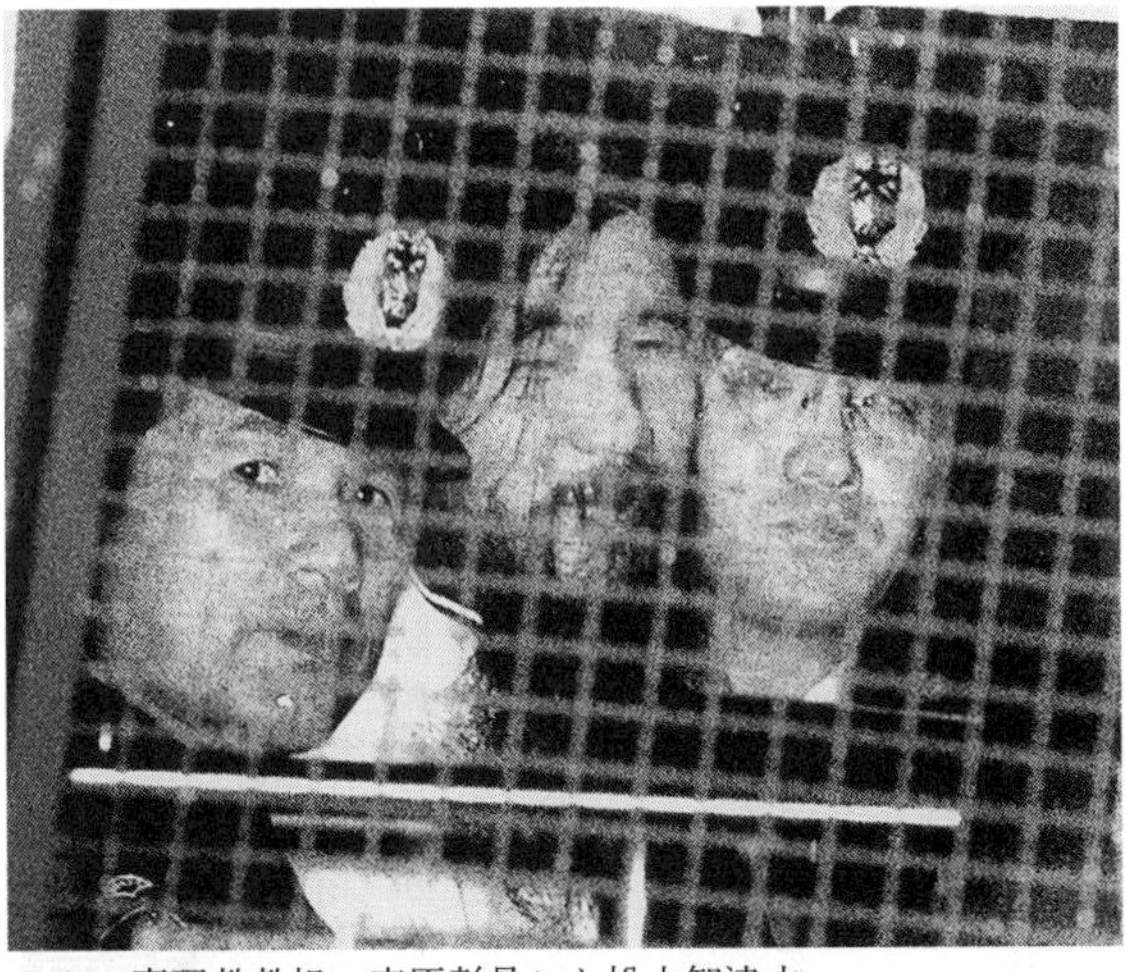

オウム真理教教祖・麻原彰晃こと松本智津夫

破防法の手続きは粛々と進めよ（一九九五年一二月一五日）

読売

政府はオウム真理教に対し、破壊活動防止法に基づく解散指定の手続きに入ることを決めた。一九五二年の同法施行以来、団体に対する初めての手続きとなる。

法と証拠に基づく公安調査庁の検討を経て、宮沢法相が村山首相に報告、手続き開始を官報に公示する了承を得た。

今後、オウム側の公開の場での弁明を経て、同庁が公安審査委員会に解散を請求するかどうかを決め、同審査委員会が請求に基づいて処分を決めることになる。

解散指定をめぐっては、憲法の思想・信条、集会・結社の自由など基本的人権にかかわる問題だけに、これまで村山首相も慎重姿勢を示していた。破防法の適用が行政処分である以上、内閣の責任者である首相が、手続き開始までに様々な観点から総合的に判断するのは当然だ。

だが、今後の手続きは、裁判に近い準司法的な性格を持っている。政治判断など外部からの介入は厳に慎むべきだ。

法務省・公安調査庁も、信教の自由などに十分配慮し、いささかの批判や疑念も残らないよう法と証拠に従い、透明性の高い手続きを粛々と進めてもらいたい。

同庁が解散手続きに踏み切るのは、オウムの現状から、将来も暴力主義的破壊活動を行う恐れがあるなど、破防法適用の要件を満たしていると判断したためだ。

その根拠として〈1〉麻原彰晃被告の下で祭政一致の独裁国家を目指し、大がかりな武装化を進めていた〈2〉殺人をも正当化する教義や政治上の主義、同被告への絶対帰依の体質に変化がない〈3〉今も多数の信者と資金を保持していることをあげている。

この指摘に異論のある国民は少ないだろう。本紙の世論調査でも、七九％が適用に賛成しており、手続き開始は当然だ。

この問題は、常軌を逸したオウムの組織犯罪から、市民の安全をどう守るかという社会防衛の問題でもある。

それには、法に基づく様々な手段があるが、現行法はもともと、この種の無法を想定しておらず、一つの法律だけで十分に目的を達成するのは困難な状況だ。

東京高裁の決定が予想される宗教法人法の解散命令では、任意団体としての宗教活動は制限されない。破防法の解散が確定すると、個人の宗教活動は自由だが、団体のための活動はいっさい禁じられる。

資産については、両法とも命令の確定まで、その散逸を防ぐ規定がない。オウムは今夏以来、解散に備えて資産を他人名義などに移す行為を繰り返してきた。

その不備を埋めたのが、東京地裁が十四日、破産法に基づいてオウムの全財産を凍結した保全処分の決定だった。

あらゆる法律の適正な運用によって危険な芽を摘み取り、将来に禍根を残さないことが重要だ。その際には、法の拡大解釈を厳に慎み、国民の基本権を侵害しないよう抑制的な姿勢を貫くのは当然だ。

その意味でも、解散の確定までに、個人的な宗教活動を制約しない法の運用のあり方、信者の社会復帰への支援などについて十分に議論を深めておく必要がある。

破防法の適用は疑問だ（一九九五年一二月一五日）

朝日

オウム真理教に対し、破壊活動防止法の団体規制（解散の指定）の適用へ向けて手続きが始まることになった。法務省と公安調査庁の適用の方針を、村山富市首相が了承したためである。

わたしたちは、オウム教団への破防法の適用について、疑問点を指摘し、慎重な対応を求めてきた。これらの疑問は解消されたとはいえない。適用の必要性はむしろ弱まっているのではないか。

教団の犯罪活動を徹底的に抑え込むべきなのは当然だが、長年棚の上に放置されてきた「劇薬」を使って対処しなければならないほどの事態が続いているのか。治安当局はそれほど自らの力に自信が持てないのか。そういわざるをえない。

解散指定の要件のひとつは、その団体が「政治上の主義、施策を推進し、支持し、またはこれに反対する目的で殺人などを行った」ことだ。

法務当局は、死者七人を出した昨年六月の松本サリン事件がこの要件を満たす、と判断した。オウム教団は、道場建設に反対した住民や、裁判で教団を負かせた裁判官などの殺害を狙って、サリンをまいたという。しかし、これが「政治目的の殺人」といえるだろうか。

教団は、麻原彰晃代表の独裁国家の樹立を計画していた、と法務当局はしている。その計画の実現と、事件との結びつきにいたっては、首をかしげざるをえない。

もうひとつの要件である「継続または反覆して将来、暴力主義的破壊活動をおこなう明らかなおそれ」は、次第に薄まってきていると見ることができよう。

教団の資金集めにかけ回ったり、殺人を容認する教義や麻原代表を信じたりしている信徒がいまも少なくないことを、法務当局は挙げる。だが、教義や麻原代表を信じているという信徒も多くは、裁判で教団の実態が明らかになるにつれ、揺れ動いているのが実態ではあるまいか。

とくに、東京地裁がオウム教団の資産を仮差し押さえしたことで、教団の活動が相当封じ込められる効果が期待できる。土地や建物を売ったり、担保にしたりして、活動資金をつくる方法はとれなくなった。やがて破産宣告がでれば、施設を明け渡さねばならない。

活動の拠点を失えば、教団にとどまっている信徒も激減するだろう。急ぐべきは、信徒の妄想を取り除き、社会への復帰を手助けすることだ。政府はやっと、この問題に取り組み始めたばかりだ。

宗教法人法による教団の解散命令も、近く東京高裁で確定すると予測される。教団が組織的に凶悪犯罪を繰り返すおそれが、今後増してくるとは思えないのである。

実際に解散が指定されれば、違反行為を摘発するため、信徒や元信徒は取り締まりの対象として、生活を監視され続けることになる。信徒や元信徒への偏見をあおって社会への復帰を妨げる可能性があるだけでない。落ちつきを取り戻しつつある社会に、新たな緊張を持ち込む心配もある。

政治の最大の任務は、国民の安全を守ることだが、だからといって、どのような手段でも許されるわけではない。

戦後の日本は、どんな思想や信条を持つのも自由であることを基本にしてきた。オウム教団の凶悪犯罪に目を奪われるあまり、築き上げてきたこの人権の重みを忘れては元も子も失ってしまう。

これから始まる解散指定に向けての手続きを、こうした視点からも見守っていかねばならない。

解説

法律というものは、特に刑法的なものは事後立法できない。平たく言えば後から作った法律で、前に起こった犯罪を罰することはできないのである。だから当然にして、どのような凶悪な犯罪でも、取り締まるためには現在制定されている法律を活用するしかない。

もちろん活用といっても、法の誇大解釈は厳につつしまねばならない。しかし、「オウム真理教」が破防法の適用条件を満たしていたことは、明らかではないだろうか。

朝日が紹介する通り、適用の要件は「政治上の主義、施策を推進し、支持し、またはこれに反対する目的で殺人などを行った」ことである。オウムの犯罪は「政治目的の殺人」とはいえない、と朝日は主張するのだが（つまり、宗教的行為ということなのだろうか）、幹部に大臣制度をしき、選挙にすら出馬したことがあるオウムが、政治目的に一切かかわりない集団といえるだろうか。オウムが司直の手を逃れ、さらに巨大化したとしても、日本の支配をたくらまずに、ただの宗教団体として存続したと、朝日は考えているのか。

朝日の社説の主な特徴は、自分にとってイヤなこと、主義に反することは、屁理屈をつけてまで無視するということである。破防法適用を嫌うあまりに、国民の安全をないがしろにするような姿勢は問題だ。

この問題に関しては一部結果が出ている。読売の主張するように破防法が適用されなかったため、オウム信者団体と地方自治体の間で受け入れ拒否闘争が起こった。これは地方自治体の方が憲法に違反している疑いが濃い。しかし自治体には、住民の安全を確保するという義務がある。破防法を適用しておけば、このような不測の事態は避けられたはずなのである。

住専問題

住専の処理策をめぐる攻防に両紙の論調は

1996年3月5日、住専国会での新進党の座り込み

住専資料は最大限に公開を（一九九六年一月二〇日）

読売

政府が住宅金融専門会社（住専）関係の資料を公開した。〈1〉住専各社の経理状況〈2〉匿名の貸付先・上位五十社〈3〉農林系金融機関の経営実態〈4〉住専各社の借入先、借入額の推移〈5〉住専の役員と出身母体――など二十八項目だ。

来週始まる通常国会では、六千八百五十億円の財政資金を投入する住専処理策が最大の争点となる。資料公表は、住専経営者や借り手、設立母体、農林系金融機関、大蔵省、農水省などの責任を明確にすることで、財政資金投入への国民の理解を求めるスタートラインとなるものだ。

だが、借り手のリストが匿名なのは納得できない。上位五十社に限定した理由もあいまいだ。住専問題の最大の責任は、住専自身と、借金をして返済しない借り手にあることは明らかだ。

政府は「プライバシー保護のため」としているが、国会の国政調査権と守秘義務の関係については、七四年の田中金脈問題の際の政府見解でも「守秘義務で守られるべき公益と、国政調査権で得られる公益を、個々の事案ごとに比較衡量して決めるべきだ」とされている。

今回は、国民の税金を注ぎ込むという重大な問題である。不毛な魔女狩りは避けなくてはならないが、まず納税者の知る権利が尊重されるべきである。政府が国会の国政調査権に対応する形にせよ、住専各社が自主判断するにせよ、最大限の情報公開が行われなくてはならない。

その中で、借り手企業の経営状況や、暴力団との関係など闇《やみ》の部分も明らかにされよう。住専の歴代経営者などの責任にも別の角度から光が当てられる。透明性向上と自己責任原則の確立による強い金融システム構築にも、避けては通れない道だ。

通常国会を前に、政府首脳から住専関連予算の凍結や、予算の組み替えをほのめかす発言が飛び出した。その後、軌道修正されたが、これは、当面の苦痛を回避するために解決を先送りし、傷口を広げた住専問題の誤りを繰り返す発想だ。

住専問題の早期決着を図るためには、公的資金の投入はやむを得ない選択だった。凍結や組み替えとなれば処理策全体が崩壊しかねない。

住専はわが国経済を覆う暗雲・不良債権問題の象徴だ。その決着なくして景気回復はない。処理策の公表を受けて株価が高騰したのは市場の期待を映したものだ。景気は足踏みを脱する動きというが、株価回復や円相場安定に支えられた面が大きい。

住専処理が挫折すれば、ようやく二万円台まで回復した株価が急落して、景気回復の前提が崩れる危険がある。

日本の経済だけでなく、日本政治の国際信用の失墜も確実だ。国民の政治に対する閉塞感《へいそく》もさらに深まるだろう。

公的資金投入は、金融システム維持、景気回復、国際信用回復などのため避けられない措置である。政府は、国民の理解を求めるために、最大限の資料公開で責任を明らかにし、それを徹底追及するなど、住専問題に真正面から取り組んで欲しい。

住専処理予算は削除せよ（一九九六年一月二〇日）

住宅金融専門会社（住専）への財政支出に対する国民の批判は、ここへ来て高まる一方である。私たちは、国の一九九六年度予算案から、住専処理費を削ることを主張したい。

朝日

六千八百五十億円にのぼる税金の投入が理不尽なのは、単に金額の大きさだけではない。回収不能な不良債権の穴埋めを、農協系に配慮して、国民の財布でする。しかも密室で決め、きちんとした説明もしないのだから、皆が怒るのも当たりまえだ。

ちょうど阪神大震災から一年。住宅の再建に税金は出せない、と突き放す同じ政府が、わけのわからぬカネを気前よく払う。「そんな資金があるなら被災者に回せ」という感情は理解できる。

経済界にも、いたく不評だ。「ノンバンクという一業種の経営の失敗じゃないか。メーカーや商社が失敗したら、国が面倒を見てくれるのか」。住専に関する限り、経営者と庶民の感覚は一致している。政府・与党はこうした国民の怒りに目をこらし、耳をすまさなければいけない。

政府は、二十二日からの「住専国会」を乗り切ろうと、経営実態の一部を国会に提出した。昨年六月時点の住専七社の不良債権は、貸付金残高の七六％も占める。そのうち六割以上が損失と見込まれる、などと改めてあきれる内容だ。今後、資料が出れば出るほど、無責任でずさんな実態が露呈するだけだろう。

いま必要なことは、政府が「六千八百五十億円」を新年度予算から削り、予算の再提出をすることである。与野党も、国民感情をくみ上げる形で予算削除要求を出すべきだ。内閣も代わったことだ。メンツにこだわるべきではない。

梶山静六官房長官がほのめかし、周りがあわてて打ち消した「凍結論」は好ましくない。予算の執行凍結は過去にも例があるが、今回は、条件が満たされたら解除する、という性質の支出ではない。凍結は六千八百五十億円の支出を前提にしており、それもおかしい。

予算の修正にはその分、余計な時間と手間がかかる。大蔵省は「成立が遅れたら景気に悪影響が及ぶ」というかも知れない。だが、このままで予算審議が紛糾するより「住専」のトゲを抜き、予算の早期成立を図ったほうが、景気のためにはよい。

いったん削除したうえ、国会では国政調査権を駆使して、貸手、借り手、行政責任を徹底的に洗い直す。その結果、もし仮に、これだけは国で面倒を見なければならない、という合意が生まれたなら、補正予算で考えるという手もある。

六千八百五十億円歳出が減れば、赤字国債の発行も減る。それは財政赤字の削減という道にもかなう。こんな予算を押し付ける一方で、「財政危機だ」と叫んでも、国民は大蔵省に耳を貸すまい。

実質的に農協系救済である財政支出を削ったら、農協と結びついた農家の不安が高まる、と心配する人もいるだろう。だが、貯金保険制度があるし、いざという場合は、貯金者を守るという本来の手だてを講じればいい。

二十日にパリで主要七カ国蔵相・中央銀行総裁会議（G7）が開かれる。財政支出を引っ込めて、日本が国民の理解を得る努力をしていることを示すほうが、結果的には説得力を持ち、国際信用にプラスになるはずだ。

透明で、国民の納得がいく方法。住専処理は、この原点に立ち戻って、出直すべきである。

解説

世の中には簡単に黒白がつけられない問題がある。この住専問題もその一つだろう。朝日は「住専処理予算は削除せよ」と主張する。その根拠として「回収不能な不良債権の穴埋めを、農協等に配慮して、国民の財布でする」「ノンバンクという一業種の経営の失敗じゃないか。メーカーや商社が失敗したら、国が面倒を見てくれるのか」というのは、確かに説得力がある。

しかし問題は、「透明で、国民の納得がいく方法」が、ただちに提示できるかというところにある。

景気とは生き物である。早く手当てをしなければ「死ぬ」こともある。その意味で、住専関連予算の凍結といった立案は、一見妥当のように見えるが、結果において問題先送りとなり、景気の動向に致命的な影響を与えかねない。

理想は確かに忘れてはいけない。

しかし新聞の社説なのだから、現実的に行なえる範囲の中で、何がベストかを提示していく必要がある。

そうした視点から見れば、「公的資金の投入はやむを得ない選択だった」が、「住専の資料は最大限に公開」すべきだとする読売の方が、一日の長があるのではないだろうか。

行政機構改革

行革推進に両紙
とも異論なし
問題は中身だ

1997年8月、行政改革会議集中討議に出席する橋本龍太郎首相

内閣・行政機構改革への提言——「責任政治」の確立を目指して（一九九六年五月三日）

読売

世界が急速に変わりつつある。政治的にも、経済、社会的にも、構造的ともいえる変動期を迎えていることは、だれもが感じている。

日本が、この変動期に的確に対応し、世紀を超えて、安定した活力のある社会への展望を切り開いていくためには、さまざまな分野にわたる改革を断行していかなくてはならない。

ところが、改革を主導すべき日本の政治はといえば、とかく「漂流」「閉塞《へいそく》状況」「官僚主導」といった言葉で語られることが多い。

権限強化で「責任」も明確化

その原因は、どこにあるのか。なによりも、責任の所在さえあいまいになりがちな政治の現状にある。

読売新聞社が、「内閣・行政機構改革大綱」を提言したのは、こうした状況を打開するための、国民的議論を進める素材としたいからである。

提言は、国政の最高指導者であるはずの「首相の責任」を明確にすることを第一の目的としている。

そのためには、「首相の指導権限」を、これまでよりはっきりしたものにすることが必要だ。事務次官会議での全会一致の慣行により、個々の省庁が閣議の案件について事実上の拒否権を持っているような現状を打破しなければならない。

首相に閣議での発議権を与えたのは、首相自らの政治的見識によるトップダウンの政治が行われる可能性を広げるためである。

行政各部に対する首相の直接指揮は、首相に力がある場合には、事実上、実行されてきた。たとえば田中角栄元首相は、各省庁の課長クラスまで直接指揮している、といわれた。

これを、〝普通の首相〟にも出来るようにしなくてはならない。

首相に行政各部への直接指揮権を明確に与えれば、逆に首相がなにもしない場合には、「不作為の責任」が問われることにもなろう。省庁間調整が難航した場合にも指揮権を行使せず、「待ち」や「先送り」に終始することしかできない首相は、〝無能ぶり〟が浮き彫りになる。

先月の「日米安保共同宣言」をめぐる経緯では、橋本首相が指導力を発揮したとされるが、こうした首相主導の政治が、国政の常態として保障されるシステムにする必要がある。

この大綱で提言した一連の首相権限の強

化には、憲法解釈上からの異議も生じるかもしれない。かつて、自民、社民、さきがけの与党三党によるプロジェクトチームが首相権限の強化を検討しながら、内閣法制局が憲法解釈上の難点があるとしたことから、見送られた経緯がある。

内閣法制局が指摘したのは、内閣の連帯責任に関する考え方や、行政各部への指揮の在り方についての、従来の政府憲法解釈との整合性をめぐる問題だった。

わたしたちは、今回の提言の内容は現行憲法の解釈の範囲内で出来ると考えるし、同様に考える憲法学者も少なくない。

これは、集団的自衛権の「行使」に関する問題と似ている。過去の内閣法制局解釈がどうあれ、政治が決断しさえすれば解決する問題である。

そのことは、たとえば、戦後、「自衛力」や「戦力」の定義に関する政府・法制局の解釈が何回も変わってきた歴史を見るだけで明らかである。

行政機構も変動する時代に合わせて改革されなくてはならない。簡素化・効率化は当然のことである。

行政機構の抜本的統廃合という考え方は、九三年十月に第三次行革審の最終報告の中でも「大くくり省庁体制」という形で部分的に示されている。

また、新進党がこれを継承して、十五省庁体制案を提案している。

国民的議論のたたき台に

読売新聞の提言は、こうした諸提案の基調となっている考え方を、一面ではさらに徹底しつつ、それ以上に変動する世界の中で二十一世紀に向けた行政機能の在り方という観点を重視して、一府九省体制に再編することとした。

橋本首相は、次の重要課題として行政改革に意欲を示しているという。小手先ではない〝大きな取り組み〟をしてほしい。

わたしたちは、九四年十一月三日、憲法に関する議論のたたき台として、「読売憲法改正試案」を発表した。その試案の延長として、九五年五月三日には、「総合安全保障政策大綱」で、自然災害を含む緊急事態への対応などについて提言した。

今回の「内閣・行政機構改革大綱」も、こうした作業に続くものである。

わたしたちが「憲法改正試案」を発表した当時は、本社に寄せられた賛否の声は相半ばしていたが、現在では、提言した内容は、国民多数の支持を得つつある。

たとえば、今春の本社世論調査だと、自衛権を憲法に明記すること、あるいは人格権・プライバシー権や環境権といった新しい権利を憲法に条文化すること、などについては、七〇％を超える国民が賛成するに至った。

「安保大綱」で提言した、緊急事態に対応

するための首相・内閣の権限・機能強化の必要性についても、七〇%近くの支持率となっている。

この「安保大綱」の中では、集団的自衛権を「保持」するだけでなく「行使」も出来る権利として、明確に位置づけた。これについても、今では、政治的なタブーが破れ、「行使」問題は、与野党を超えた議論の対象になってきた。

今回の「内閣・行政機構改革大綱」についても、国民的な議論の一助になれば幸いである。それが、さらに憲法論議の一層の高まりにつながることを期待したい。

行革の期限示せ――「九六総選挙」（一九九六年一〇月六日）

朝日

総選挙に向けた主要各党の公約がでそろった。どの党も重点を行政改革に置いているが、抜本的な改革が実現する見通しはさだかでない。

行革の狙いは、官僚主導のタテ割り行政を崩し、「政治」の力で国の仕事を必要なものだけに絞り込むことにある。

それには政治家、官僚、業界が一体にな

って既存の事業や補助金を守る「政・官・業」のつながりを断ち切らなければならない。自治体に仕事と財源を移譲する地方分権、許認可を減らし民間にまかせる規制緩和、行政をガラス張りにする情報公開などが欠かせないゆえんである。

その実現に向けて政党、政治家の覚悟を具体策に示してこそ、公約といえる。

中央省庁の再編成について、自民党は二十二省庁を「半分程度に削減」するとうたった。新進党は「最終的には十省に再編成」と提案。民主党は「八つの分野区分をベースに再編」し、内閣府を設けて予算編成機能をもたせるとした。

どの提案も、いまの省庁や局の具体名を挙げた再編計画を示していない。影響を受ける役所や関連業界への配慮からだとすれば、何のための行革かという視点を忘れているといわざるをえない。

「政・官・業」を結びつける中心にあるのは大蔵省である。単に金融機関の検査・監督部門を独立させるだけでなく、財政、徴税、金融という幅広い権限を分離していく必要がある。その大蔵改革を、省庁再編案の中であいまいにしてはならない。

行革の実施は、消費税の税率引き上げの前提条件と考えるべきだ。来年四月からの五％移行を決めた与党の責任は重い。

これからの財政を考えると、高い経済成長を見込みにくい中で、国債残高二百四十兆円という国の借金を減らし、高齢化社会に対応した予算の再配分を迫られる。行革は、財政構造改革の基礎でもあるのだ。

各党は優先して取り組む行革の順位と、それを実現する期限を示す必要がある。それは、財政の改革と表裏一体なものでなければならない。

自民党は、省庁再編の実施時期を二〇〇一〇年の首都機能移転と抱き合わせで考えている。橋本龍太郎首相は首相直属の審議機関を設け、一年かけて具体策を検討するとしている。そんな、ゆっくりしたペースでいいのだろうか。

所得税、法人関係税などの十八兆円減税を掲げる新進党は、「一時的な財政悪化は避けられない」(小沢一郎党首)としながら、行革を通じた二十兆円以上の行政経費の削減、経済の活性化による税収増で、財源をひねりだしていくという。

どの分野を削減すれば、二十兆円も浮くというのだろうか。財政を立て直す年次計画とともに示してほしいものだ。

「霞が関の解体と再生」を掲げる民主党や、社民党、新党さきがけも、具体的な行革のプロセスまでは踏み込んでいない。

共産党は、「行革の名による医療、福祉の切り捨てはさせない」としている。

政党に重心が移る小選挙区比例代表並立制の選挙では、政策の重要性が増すというのが本来の姿である。

同じ党の候補者が政策そっちのけで争ったこれまでのやりかたをそのまま引きずったり、小選挙区での得票率を上げようと口に苦い政策をぼかしたりすることは許されない。
行革の手順、日程を、財政の試算とともに示さなければ、有権者は商品を見ずに買い物をさせられるようなものだ。

解説

行革やるべし、ということについては、読売も朝日も異論はないようだ。問題はどのようにやるかということである。

朝日は各党の行革案が「具体的な行革プロセス」まで踏み込んでいないことを問題点として指摘し、「行革の手順、日程を財政の試算とともに示せ」と主張している。

この主張自体は妥当なものである。だが、それはたとえば「国は公正で迅速な裁判をすべきだ」というのと同じで、主張自体は当然だが、具体的な中身に乏しい意見でもある。

もちろん、新聞社は報道機関だから、一義的には「今、何が起こっているか」を書くべきだ。しかし、当然それは「なぜ、そんなことが起こるのか」の分析へと発展し、最終的には「こうするのが望ましい」という方向へ行くべきである。

ただし、最後の「望ましい」という部分は、報道ではなく意見なのだから、ニュース記事ではなく社説の部分で主張すべきだろう。

朝日の紙面の作り方を見ていると、本来客観的であるべき「記事」部分の中で、いかにも社の主張に沿うように、誇張されたり編集されたりする部分が目立つ。とくに憲法とか自衛隊問題についてこれが多い。そのくせ社として意見を述べるということになると、読売の「憲法試案」への評価が如実に示すように、報道機関としてここまで踏み込むべきではない、という態度を取る。

「踏み込むべきではない」のではなく、むしろ「社説」で主張すべきなのである。この行革問題でもそうだが、読売のように「首相の指導権限」など具体的に踏み込んだ提案があってこそ、読者にも行革の問題点がよくわかる。朝日も読売が正しいと思うなら賛成すればいいし、反対なら朝日独自の行革案を社説で展開すればいいのだ。それが読者に対する義務というものであろう。

尖閣諸島

日中関係を左右する領土問題。とるべき道は

1996年10月7日、尖閣諸島に台湾の旗を立てる4人の活動家＝時事＝

「尖閣」は筋曲げず冷静な対応を（一九九六年九月二六日）

読売

尖閣諸島に日本の政治結社が灯台を設置したことをきっかけに、中国や台湾、香港で対日批判がエスカレートしている。ニューヨークで行われた日中外相会談で、中国の銭其琛外相は「日本政府は効果的な措置を講じるべきだ」との表現で、灯台を撤去するよう求めた。

政府はこれ以上事態が悪化しないよう最大限の努力をすべきだ。ただ、問題処理にあたり、尖閣諸島が歴史的にも国際法上も日本固有の領土であるという事実があいまいにされることがあってはならない。

尖閣諸島の領有権に関しては、一九七二年に外務省が見解を発表している。それによると、日本領土であることの根拠は次のような点だ。

▽再三にわたる現地調査でどこの国にも属していないことを確認して、一八九五年に沖縄県への編入を閣議決定した。

▽日清戦争後の下関条約に基づいて日本が割譲を受けた台湾、澎湖諸島に尖閣諸島は含まれていない。

▽サンフランシスコ平和条約でも日本が放棄した領土に含まれておらず、沖縄返還

まで米国の施政権下に置かれた。
▽米国の施政権下にあったことに中国は何ら異議を唱えなかった。
これに対し、中国は下関条約や施政権下に置いたこと自体が不法なものだったとしているが、中国の主張が説得力を持たないのは明らかである。

外相会談で銭外相は、灯台建設について「日本政府の活動ではないが、日本政府は措置をとることなく、制止しなかった」と日本側を批判した。

しかし、日本からみれば、尖閣諸島はそもそも日本固有の領土であるうえに、灯台は私有地に造られたものだ。政府が取り得る措置には限界がある。このことは中国側にも理解してもらわなければならない。

私たちは中国側の主張には正当性がないと考えるが、互いに領有権を主張している以上すぐ解決できる問題ではない。

七八年に来日した鄧小平副首相（当時）は「こういう問題は一時棚上げしても構わないと思う。われわれの世代の人間は知恵が足りない。次の世代はもっと知恵があろう」と述べた。

日本の立場からは棚上げ論はあり得ないが、領土問題でいたずらに角突き合わせて日中、日台関係全体が悪化する事態になることはお互いにとって不利益だ。

政治結社は地元漁民名で、航路標識法に基づく灯台として認可するよう海上保安庁に申請している。八九年に灯台認可の申請があった際、政府は判断を保留するという形で事実上認めなかった。

政府は日本固有の領土であるとの立場を明確にしながら、大局的に政治的な配慮を加味して判断する必要がある。

今回の問題をめぐっては、中国や台湾、香港などの一部に、四月の日米安保共同宣言や橋本首相の靖国参拝と絡めて、「日本軍国主義の復活」などの論が出ている。まったく筋違いの、ためにする議論であることを強調しておきたい。

首相がなすべき危機管理とは（一九九六年九月二六日）

朝日

日中外相が、国連本部で会談した。

尖閣諸島（中国名、釣魚島）での右翼団体による灯台建設と橋本龍太郎首相の靖国神社参拝をめぐって、両国関係が緊張するさなかの会談だった。問題は基本的には解決されないままである。

銭其琛外相は、日本政府が右翼団体を「制止しなかった」とし、事態を改善するための「有効な措置」を求めた。現職では十一年ぶりの首相の靖国参拝にも「遺憾」

を表明した。参拝を続ければ日中関係は一層冷え込む、という意思表示だろう。

池田行彦外相は、灯台を事実上認可しない考えを伝えた。当然の判断だが、それで十分とはいえない。

中国政府の反発とは別に、台湾や香港では尖閣問題をめぐって大規模な反日運動が続いている。香港の民間団体の上陸を、海上保安庁の巡視船が周辺海域で阻止する騒ぎさえ起きた。

こうした緊張状態を解きほぐすには、もう一歩進めて、尖閣問題の平和的解決をめざす意思と、右翼団体の行動が日中関係を損なうものだという認識を、橋本首相自身が内外に明らかにすべきだろう。

靖国参拝への批判について、池田外相は、現内閣が日本の侵略責任を明確にした昨年八月の「村山首相談話」を踏襲していると強調した。首相自身が「参拝は心の問題」という姿勢をとっている以上、ほかに言及のしようがなかったのかもしれない。

中国だけでなく、韓国や東南アジアの多くの国々は、橋本首相が今秋再び参拝するかどうかを、注視し続けるだろう。

日本政府当局者は、この外相会談を境に、日中関係が少しずつでも正常な軌道に戻ることに期待を寄せている。銭外相も厳しい対日姿勢を見せる半面で、両国関係の大切さに繰り返し触れた。中国の核実験で先送りされてきた対中円借款の再開問題をはじめ、多くの懸案も控えている。

だが、いまもっとも大事なことは、尖閣をめぐる現実を見すえ、教訓をくみ取ることではなかろうか。

その第一は、中国、韓国との関係を左右する要因として、領土問題の比重が増したことだ。日韓関係も今春、竹島（韓国名、独島）をめぐって揺れた。

尖閣問題には海底資源も絡む。中国と韓国の主張の背景にあるのは、経済発展に支えられたナショナリズムの高まりと、経済利益の追求にほかならない。

第二は、中国側が尖閣問題を首相の靖国参拝と結びつけたように、領土問題をめぐる対日批判が歴史認識問題と一体となって表面化していることだ。

こうした事態のもとで、近隣諸国との平和を守るには何をすべきか。とるべき道ははっきりしている。

なにより、日本が実効支配をしている尖閣諸島、韓国が実効支配する竹島問題ともに、将来の平和的な問題解決に向けて、外交努力を倍加することだ。紛争に発展させてしまっては、当事国の利益にも反し、東アジア地域に緊張を生むだけである。

そのためには、歴史認識をめぐる日本側の姿勢で不信感を醸成させないよう、深い思慮と、きめ細かな配慮が必要だ。

同じ国連を舞台にした日米首脳会談は、在日米軍の機能を維持する方針を再確認した。尖閣問題をめぐる日中間の緊張を放置することは、日米安保共同宣言に向ける中国側の懸念を一段と深めさせることにもつながりかねない。

問われるのは、足元の紛争を予防する首相の危機管理能力である。

解説

人間なら誰でも、自分が常識としていることを、他人にも無意識に適用してしまう癖がある。「常識」なんだから当然だ、と思うことは危険だ。それは相手の立場をまったく無視しているということになる。また逆に、相手から自分とは異なる「常識」が押しつけられた場合、それはこちらにとって「非常識」だと拒絶していく姿勢も必要であろう。

中国は、共産党一党独裁の非民主主義国家である。彼らにとって、国（＝共産党）というものは絶対であって、それに逆らう人間がいるということは本質的に理解できない。だから、そういう人間がもし存在すれば、刑務所に入れるか戦車で踏みつぶす。――これが彼らの「常識」である。

それゆえ中国は、「尖閣諸島に民間人が作った灯台を、日本政府が取り締まれない」という、それが民主主義の原則、国民主権の原則に反することを理解できないのである。ならば、どういう対応を取るべきか、極めて明確なことではないか。

妥当なのは「筋曲げずに冷静な対応を」取らねばならないとする読売か？　「危機管理」にかこつけて、暗に中国側の意に従うことをすすめる朝日か？

あえて書くまでもない。

危機管理は確かに大切だ。しかし、いかに危機があるからといって、民主主義の原則を無視してはならない。不思議なことにいつもは「危機管理」「有事」という言葉に強い難色を示すのに、相手が中国となると朝日はコロリと態度を変える。かつてソビエトに対して存在した「ダブル・スタンダード」が、ソビエト崩壊後はどうやら中国に対象が移ったようだ。

歴史認識

日本の近代史を
捉えるときの
基本的立場とは

1996年７月29日、橋本龍太郎首相、靖国神社参拝

まだ残る〝日本性悪説〟の呪縛（一九九七年四月一三日）

読売

「東京裁判史観」という言葉がある。極東国際軍事裁判（東京裁判）で、日本を占領した連合国が、「正義」対「悪」という構図で日本を裁いた論理に、呪縛《じゅばく》されたままのような歴史観を指して使われている。

「第二次大戦は『ファシズムに対する民主主義の勝利』というのが国際社会の常識」などとする視野の狭い歴史認識が、そうした典型例の一つだろう。

東京裁判下の「制定」「施行」

勝者が敗者を裁く東京裁判には、判事席にも検事席にも、ソ連がいた。ソ連が、ナチス・ドイツに劣らぬ専制恐怖支配の全体主義国だったことこそ国際的常識だ。中国も民主主義国などではなかった。今も共産党独裁の国である。

五十年前、一九四七年五月三日に現行憲法が「施行」された時期は、その東京裁判の真っ最中だった。裁判の開廷は一年前の四六年五月三日である。起訴状が公表されたのは、その四日前の四月二十九日、つまり昭和天皇誕生日、現在の「みどりの日」だった。もちろん、偶然などではない。

そうした性格の東京裁判の〝重圧〟の下にあったことを検証することなしには、憲法が「制定」「施行」された当時の時代状況も、十分には把握できないだろう。

連合国軍総司令部(GHQ)のアルフレッド・ハッシー海軍中佐が執筆した現行憲法前文には、「平和を愛する諸国民の公正と信義に信頼して、われらの安全と生存を保持しようと決意した」とある。

日本さえ悪いことをしなければ世界の平和は保たれるというような、〝日本一国性悪説〟的な文章と、しばしば指摘される部分である。「諸国民の公正と信義」が、必ずしも「信頼」できるものでないことは、その後の世界の歴史が示している。

ただし、東京裁判の問題点を批判することと、歴史上の日本の行動の軌跡を全面的に肯定するということとは、別である。

東京裁判で全訴因の無罪を主張したインド代表のパル判事も、日本の行動を肯定しているわけではない。歴史的に同じようなことをしてきた連合国には、日本を裁く資格はない、といっているのである。

反省すべきは冷静に反省を

過去の歴史で反省すべき点は、冷静に総括すべきである。東京裁判批判が、大東亜戦争肯定論や、皇国史観の復活につながるようなことは、あってはならない。

たとえば日韓併合条約は、日本の立場か

らは、当時の歴史的状況、国際情勢下で、列強諸国の了承をも得た合法的なものだった。しかし、朝鮮半島の人々にとっては、軍事力を背景に強要されたものであったことは、まぎれもない事実だろう。

中国についても、局部的な経緯はどうあれ、全体として侵略的行動だったことから目をそらすわけにはいかない。

対米英蘭《らん》戦争は、結果としてアジア諸国の独立につながったが、日本はそれを目的として開戦したわけではない。

だが、だからといって、〝日本一国性悪説〟的な角度からしか歴史を見ないのは、あまりにも偏りすぎた歴史観である。

バランスを欠く慰安婦論議

第二次大戦に至る日本の侵略的行動の背景には、アヘン戦争以来の欧米の帝国主義的アジア侵略の歴史がある。英、仏、蘭は第二次大戦終了後も、植民地支配を回復しようとして、再侵略した。

近年のいわゆる従軍慰安婦問題なども、とかくバランスを欠いた形で論じられることが多い。

GHQが憲法原案を起草したころの日本には、レクリエーション・アンド・アミューズメント・アソシエーション（RAA）の施設が各所にあった。スポーツ施設かゲームセンターのような名称だが、占領軍将兵用の「特殊慰安施設協会」である。

日本政府の肝いりで設置されたものだった。が、GHQは各種の行政命令で運営に「関与」したし、地方レベルでは米軍側の命令で設置されたものもあった。

当時、東京都渉外部長をしていた故磯村英一・東京都立大名誉教授は、GHQに呼ばれ、焦土と化していた都内・吉原に米軍兵士用の施設を作って女性集めをするよう命令されたと証言していた。

昨年十二月、米司法省は、旧日本軍で従軍慰安婦施設の設立や運営に関与した元軍人の日本人を入国禁止対象者にする、と発表した。それなら、先に、日本で慰安所の設立や運営に関与した米国内の元軍人の責任を明らかにするのが筋である。偽善というべきだろう。

ドイツ軍が占領地域に多数の軍用強制売春施設を設営し、組織的な〝女性狩り〟をしていたことも明らかにされているが、日本の場合、官憲が「強制連行」したことを示す資料はない。

言うまでもなく、他国が同じようなことをやったからといって、日本の行為が肯定されることにはならない。

だが、どの国、民族の歴史もきれいごとばかりではないことは、ごく普通の常識に属する話だ。歴史の実像を、時間的にも空間的にも、複眼的に認識しようとする努力を欠いた偏った姿勢では、肝心の日本のことさえ、よくわからなくなるだろう。

軍国主義復活はありえない

勤労動員だった女子挺身《ていしん》隊を慰安婦徴用のための〝女性狩り〟だったと、歴史を偽造してまで、日本を〝比類なき悪〟に仕立てようとした報道などは、そうした偏った姿勢が行き着いた結果ではないか。

憲法を考えるうえで問題なのは、そうした〝日本一国性悪説〟的な傾向と、左翼的護憲運動の流れとが、大部分、重複しているように見えることだ。

憲法を一字一句でも変えれば軍国主義復活の危険を招く、といった調子の議論などは、東京裁判史観とマルクス主義的な左翼史観の尾をひきずるものだろう。

現在の日本には、軍国主義が復活する条件も、復活をもくろむ政治勢力も存在しないことに目をつぶった議論である。

歴史の冷静な点検は、二十一世紀の日本国憲法の在り方について、実りある議論を進めていくための、重要な前提である。

「戦後」がやっと始まった（一九九四年一二月七日）

朝日

十二月八日を迎える。五十三年前のこの日、日本軍はハワイを急襲、マレー半島への上陸を開始した。昭和天皇の対米英宣戦の詔書は、三年八ヵ月にわたる流血の始まりを告げたばかりではない。米国を世界大戦に引き込むことを通じて、戦後の国際秩序を方向づけることにもなった。

それから半世紀である。世代は代わり、世界の姿も一変した。しかし、その長い歳月を隔てて、太平洋戦争終結までの日本の歴史にどう向かい合うべきか、今ほど問われた時はなかったように思う。

なおやまぬ不協和音

日本が行った戦争は何だったのか。政権交代と政界再編に明け暮れたこの一年余りの間も、この問題で政治は揺れ続けた。

昨年八月、細川護煕氏が首相として初めて、日中戦争から太平洋戦争までを「侵略戦争」「間違った戦争」と言い切った。

遺族団体への配慮から、細川氏自身も後継の羽田孜、村山富市両首相も「侵略行為」と表現を弱めはした。しかし、終戦記念日の戦没者追悼式で、外国の犠牲者への哀悼や不戦の決意が語られるようになった。変化は確かに起きたのである。

しかし、その一方で、羽田内閣では、永野茂門法相が「南京事件はでっちあげ」と語る。村山内閣では、桜井新環境庁長官が「侵略戦争をしようと思って戦ったのではなかった」と発言し、ともに中国や韓国から非難を浴びて辞任に追い込まれた。

朝鮮植民地化や中国侵略を非としつつ、太平洋戦争は侵略とはいい切れないとする橋本龍太郎通産相の見解も現れた。

五十年前の八日付本紙は「聖戦完遂の大使命」と題した記事のなかで、「大東亜戦争」は中国からの全面撤退要求をはじめとする米国の「暴状」に対する自存自衛の戦いであり、「侵略戦争呼ばわりは現実をわい曲するもの」と断じている。

多くの読者を戦争に駆り立てることになったこの時代の朝日新聞の責任をどう受け止め、反省をどう生かすかは、今日も私たち自身の最も重い課題である。

同時に、今の政治家の胸の内に、この記事と似た戦争観がなお根付いていることに複雑な思いを禁じ得ない。

事実の検証に基づくものなら、歴史は大いに論議されるべきだ。しかし、戦争の相手にもそれぞれの歴史認識がある。

先月来日したシンガポールのリー・クアンユー前首相は、日本の軍事大国化への懸念を近隣諸国が捨て切れない理由をこう述べた。「政治家たちの発言が、日本人は『日本こそ被害者であって侵略者でない』と信じているのではないかという不安をかきたてる。そうした不協和音がやめば、信頼関係を築くのは容易になる」

日本は独立に際し、太平洋戦争を侵略と

みる立場を受け入れた。第二次大戦は「ファシズムに対する民主主義の勝利」というのが国際社会の常識である。政治家たちは、これを再確認しなければならない。

戦争の後始末を急ごう

政権担当者の公式な戦争認識が変わったにもかかわらず、政治家による舌禍があとを絶たないのはなぜなのか。

「大多数の日本人が（日米開戦を決めた）四一年の指導者を非難するのは、戦争を起こしたためでなく、勝てる見込みのない戦争に動員されたからだ」。英国の日本研究家ジョージ・サンソムは四八年の「フォーリン・アフェアーズ」にそう書いた。

日本人の反省の重心がどこにあったかを見抜いた指摘というべきだろう。

出発点は、戦争はもういやだという思いだ。満州事変以降犠牲になった日本人は約三百万人にものぼる。厭戦《えんせん》意識がいかに強烈だったかは、四六年の国会で吉田茂首相が自衛の戦争であっても拒む見解を表明したことが物語っている。

半面、相手国に戦争が何をもたらしたのかは、十分顧みなかった。反省はなにより、被害者としての「過ちは二度と繰り返さない」決意だったのだ。

確かに国民は生活に手いっぱいだった。加えて、冷戦の激化と共産中国の誕生、朝鮮戦争といった環境が、相手の痛みを直視することを妨げた。そうした中で、戦前の政治家たちも復帰した。

韓中両国との関係拡大や韓国の民主化といった変化を背景に、日本人は最近になってようやく、加害者としての課題に気付いた。いわゆる戦後補償問題である。

村山内閣は一連の問題にこの夏から本腰を入れ始めた。従軍慰安婦や強制連行問題、台湾の旧軍人・軍属への債務支払い、サハリン在住韓国人の永住帰国など、個人を対象にした対策は急を要する。日本軍が中国に捨てた二百万発ともいわれる化学兵器の処理という大仕事も残る。

戦後補償要求には、出来る限り誠実にこたえなければならない。遅まきながらでも、言葉による謝罪とは比べものにならない信頼を国際社会から得られる。軍事的な手段を行使しないこの国が、外交で国益を守るための力ともなるだろう。

民主主義の大切さ

すでに戦争を知らない人々が国民の多数を占める時代である。

日中両国の歴史教科書を研究する国民教育文化総合研究所の特別チームが、国内の中学、高校、大学生ら約七千人を対象にこの春から行った世論調査結果がある。

満州事変からの「十五年戦争」の原因がだれにあるか、との問いには、「日本の政府と軍隊」が大差で一位。ひどい目にあったのはだれか、では「中国の国民」「朝鮮人などアジアの人々」「中国・朝鮮人の女性」が上位で、「日本の国民」を大きく上回った。

大学生でも、終戦記念日がいつかを正しく答えたのは六割、真珠湾攻撃の日の正答は一割しかないが、全体として、戦争認識は妥当なところにあるといえるだろう。

とはいえ、戦争の原因に「日本の国民」をあげた回答が「欧米の列強国」や「中国の政府」などより少ないのは気がかりだ。戦争は政府と軍が起こしたことで国民には責任がない、との見方から抜け出したい。

海軍軍人から転じて日米非戦を訴え続けた水野広徳は、発禁となった四〇年の論文で「戦争は、文明国民の二大権利といわれる生命と財産権の安全を犠牲に供するもので、自由を愛する国民は戦争を好まぬのが自然の理」とし、民意が政策に反映される民主主義の大切さを説いた。

冷戦後の針路が模索されている時、かみしめるべき言葉ではなかろうか。

日本は、戦争の検証を十分にできないまま、国際社会に巨大な存在感をもつ経済大国となった。今こそ、世界に通用する歴史認識に立って戦前を総括し、戦争の後始末をする時だろう。その意味で、「戦後」はまだ始まったばかりである。

解説

歴史解釈というのは、国会決議や国定教科書などによる、政治の関与した一方的解釈によって定められるべきではない。——これが、戦後五〇年の日本が苦しみの中で摑《つか》んだ貴重な教訓というべきではないか。

しかし、そのなかで、今もこの貴重な教訓の定着を阻《はば》もうとしている「戦後常識」がある。それが「東京裁判史観」つまり東京裁判の判決を、歴史解釈として異論を許さない態度である。裁判の結果は結果に過ぎない。それが歴史解釈として正しいかは、まったく別の問題だ。

当然それに対する批判の自由はある。これは言論の自由にかかわる根本的な問題である。とくに東京裁判は、読売の紹介するインド代表のパル判事の主張にもあるように、その裁判の合法性自体に問題のある裁判だ。なかでも「後から定めたルールで、前の罪を裁くこと」は、あらゆる法学者が「ノー」という野蛮な行為なのである。それが東京裁判の場合は実際に行なわれたのだ。

朝日には「東京裁判」という言葉が一言も登場しないが、たとえば「A級戦犯」も「東京裁判用語」であることを考えれば、この問題に触れるか触れぬかが、真に歴史を考える際のもっとも重要なポイントといえよう。

憲法施行五〇年

五〇年の節目に新たな憲法論議を呼びかける

1947年5月3日、新憲法施行記念式典での昭和天皇

二十一世紀を展望した改正論議を（一九九七年五月三日）

読売

今日は憲法記念日。五十年前、現行憲法が「施行」された日である。

わたしたちは、この憲法が、占領軍（連合国軍総司令部＝ＧＨＱ）主権の下で「国民主権」を仮装する、奇妙な形で制定されたこと、「施行」後も日本の主権はＧＨＱが握っており、厳重な言論統制が敷かれていたことなど、「施行」の内実に問題の多いことを、たびたび指摘してきた。

想像超えた日本と世界の変化

現行憲法をめぐるそうした経緯に目をつぶるとすれば、国民的自己欺瞞《ぎまん》というものであろう。

が、なにはともあれ、この憲法に盛られた議会制民主主義、基本的人権の尊重、平和主義などの基本原理は、歳月とともに国民の中に浸透し、定着した。結果的に、この憲法が、戦後日本の発展の基盤として果たした役割は大きい。

これらの基本原理は、今後とも維持、深化させていかなくてはならない。

しかし、また、歳月とともに、変化し続ける日本と世界の現実と、憲法の内容との間に、次第にズレが目立つようになってきた。憲法に限らず、あらゆる制度や法律につきものの、ごくありふれた現象といえるだろう。

「施行」当時、まだ飢えにあえいでいた日本は、その後、世界第二位の経済大国という巨大な存在となった。五十年前のどんな人間の想像をも絶する発展である。

通商に依存した経済発展は、日本を、世界の平和と繁栄なくして自国の平和と繁栄もありえない国柄にした。

他方で経済発展は、憲法・人権論議の対象になるような環境問題をも招いた。これも想像もつかなかった成り行きである。まして、地球規模の環境保全が、人類の存続にもかかわる深刻な課題になると予想できた人はいなかったはずである。

高度情報社会化の進展なども、考えも及ばなかっただろう。

憲法「制定」期に顕在化し始めた東西冷戦構造は、「恐怖の均衡」といわれる核武装競争時代を経て、八〇年代末から九〇年代初めにかけ、ソ連・東欧社会主義圏の内部崩壊で消失した。あの超大国ソ連がなくなるなどと、誰に想像できただろうか。

現実とのズレを解消しよう

世界は、今、多様な分野にわたる新たな変動期を迎えている。

読売新聞社が、九四年十一月に「憲法改

正試案」を発表したのは、こうした日本と世界の現実と憲法とのズレを解消するための、国民的憲法論議のたたき台が必要だと考えたからだ。

九五年五月に発表した「総合安全保障政策大綱」、九六年五月の「内閣・行政機構改革大綱」も、同様の試みである。

今回の憲法五十周年提言「二十一世紀への構想——国のシステムと自治の再構築をめざして」も、そうした問題意識の延長線上にある。

「構想」では、まず、衆参両院に常設の憲法問題等委員会、内閣に憲法調査会を設置することを提言した。

十二州三百市への地方再編を

内閣に設置された憲法調査会が六四年に改正賛成・反対の両論併記の報告書を出して以降、国政の場に憲法を常時論議する機関がなくなった。それどころか、憲法改正を口にすること自体がタブーであるかのような政治的・社会的雰囲気が続いた。

だが、この数年来、そうした雰囲気はすっかり変わった。各種の調査で、憲法改正に賛成する人の数が反対する人を常に上回るようになっている。それだけでなく、読売新聞社が今春実施した調査では、国民の七五%が、憲法論議をすることが「望ましい」と答えている。

ようやく、国会でも憲法問題常任委員会を設置すべきだという超党派の議員による動きが出始めているようだ。グローバル化といわれる時代状況の中で憲法問題を議論することは、必然的に、国の在り方全体を問いなおすことにつながる。国権の最高機関の構成員としては、最も緊要な責務である。強く支持したい。

「構想」はまた、国のシステム再構築に向けた大きな柱の一つとして、十二州三百市への「地方再編」を提言した。

昨年の「内閣・行政機構改革大綱」では中央省庁の一府九省体制への再編を提言したが、省庁再編は、地方分権の推進と一体のものとして実施しなくては、機構のスリム化には結びつかない。今回の提言は、そうした視点からのものである。

現行憲法には「地方自治の本旨」という言葉がある。だが現実の地方自治は、よく「三割自治」と言われるように、いわば違憲状況が常態化してしまっている。

読売新聞社が昨年、憲法学者を対象に実施したアンケート調査でも、現実と憲法の間の矛盾点として、地方自治の問題を挙げる人が、戦争放棄・自衛隊に次いで多かった。地方分権の推進は、優れて憲法問題でもあることを、忘れてはなるまい。

地域の活性化なくして国全体の活性化もない。二十一世紀の活力ある社会構築のため、憲法の条項に不十分な点があるとしたら、改正をためらうべきではない。

「世界に誇る憲法」目指して

「施行」以来、五十年。手つかずのままにしておく間に、現行憲法は〝世界最古〟の憲法になった。日本より制定の古い憲法も、すべて、その後改正している。そのため、環境権条項など世界の憲法の潮流から取り残されている部分も少なくない。

　憲法問題を考えるに際しては、そうした国際的視野も必要だ。各種調査で憲法改正に反対する人の中では「世界に誇る平和憲法だから」という答えが最も多い。これも国際的視野の不足である。諸外国にも平和主義条項を置いている憲法は珍しくなく、非核化の明記など、日本よりも進んだ平和主義規定といえる条項を有する憲法もある。

　現行憲法の基本原理は大切にしつつも、憲法の一字一句を神聖視することなく、新たな「世界に誇る日本国憲法」を作り上げるための国民的論議を進めたい。

朝日

動き出した市民主権（一九九七年五月二日）

「目にはさやかに見えねども、ですが、不可逆的な、変革を求める動きが始まっているように感じます」。岐阜県御嵩《みたけ》町の柳川喜郎町長は、まだ完治しない腕の傷をかばいながらも明るい表情で話した。

御嵩町に産業廃棄物の処理施設をつくる計画に「待った」をかけた柳川町長が何者かに襲われた事件は、逆に、産廃施設に反対する住民たちの運動を盛り上げた。

有力者への遠慮やしがらみを乗り越え、町民一人ひとりが声を出し始めた。住民投票条例が可決され、産廃施設の是非について、住民が自分の意思を表明する投票が七月までに実施される。

「ここに主権が国民に存することを宣言し、この憲法を確定する」（憲法前文）

憲法がうたう「国民主権」は、天皇主権を否定しただけでなく、国民の意思によって政治がおこなわれることを目指した。

しかし、戦後久しく、国民は選挙の時だけの主権者で、あとは議会や行政に「お任せ」というのが実態だった。

そんな惰性を断ち切るような動きが、この二、三年、全国で起きている。日本社会はいま「国民主権の実質化」という新たな時代に入り始めたのではないか。

全国で初めて、原子力発電所建設の是非を問う住民投票が新潟県巻町で実施されたのは昨年八月だった。投票率は八八％。六一％が反対で、賛成は三九％だった。「子や孫にもかかわる町の大きな課題は、町長や町議会だけでなく町民みなで決めるべきではないか」という声が発端だった。

沖縄県でも昨年九月、米軍基地の整理・縮小などを問う県民投票が行われた。

課題によって民意を政治に反映させる直接民主主義の手法は、まだ局地的な「点」に過ぎないが、各地に広がっている。

原発であれ産廃施設であれ、住民投票は、地域住民にとって、その結果への責任をも痛感させることになった。「政治家が決めたこと」という責任回避はできない。それでも、意見をきかれることもなく一部の人たちで勝手に決められるより、ずっといい。

責任も伴う住民投票

巻町では「原発のことなら、一人ひとりが三時間は語る」といわれる。町民はそれぞれ、住民投票への過程で賛否双方の主張を読みくらべ、専門知識の理解からエネルギー問題全体へと考えを深めてきた。「地域エゴ」とも言われたが、電力の恩恵を受けるだけで、自らのエゴは忘れている都会からの非難はあたるまい。

憲法は「日本国民は、正当に選挙された国会における代表者を通じて行動し」(同)と述べて、間接民主主義を基本にしている。しかし、憲法改正の国民投票(九六条)や特定の自治体だけに適用される特別法の場合の住民投票（九五条）など、いざという時には直接民主主義によって間接民主主義を補う形になっている。

住民投票を評価する人たちが、直接民主主義が間接民主主義にとってかわるべきだと考えているわけではない。

巻町の場合、前町長は住民投票に消極的だった。しかし、町議選での住民投票派の躍進―町長リコール運動―町長辞職―町長選で住民投票運動のリーダーだった笹口孝明氏の当選―そして住民投票へと、直接民主主義と間接民主主義とが、まるで縄をなうように繰り返されてきた。

「民主主義は民を主としてものを考えること」と笹口現町長の言葉は簡明だ。「大事なのは制度ではなく実質なんです」

手作りの法律の試み

こうした動きの背景には、地方議会や国会という間接民主主義が十分に機能せず、官僚主導の政治のほころびがだれの目にもはっきりしてきた現状がある。国会の意思がときに民意とかけ離れることは「住専問題」でも明らかになった。一票の格差や選挙制度の問題、「争点隠し」「公約違反」もあって投票率は低下する一方だ。

朝日新聞社が今回おこなった憲法についての世論調査で、もっと力を入れて取り組むべきことのトップに挙がったのは「国民の声を反映する国会の実現」だった。

この点で注目されるのは阪神大震災の被災者に公的援助を求める運動だ。

作家の小田実氏らが、直接民主主義のひとつである国民発案に似た「市民立法」の運動を始めた。賛同する国会議員と連携しての「市民＝議員立法」運動に発展し、国会提出が具体化する段階にまできた。

「市民が発想した法案が国会を通れば、憲政史上画期的なことだ」「二十一世紀への可能性を開く」。四月二十五日、法案骨子の発表の場で、市民と超党派で参加した議員の双方からそんな発言が相次いだ。

直接民主主義への動きは、間接民主主義に生気を吹き込む可能性をもはらんでいるのである。


主権者としての自覚は、特定地域の住民だけでなく、私たちみなに求められていることだ。巨額の財政赤字は政治や行政の無責任の結果だが、私たちも監視を怠ってきたのではないか。無駄遣いや失政は、結局、増税となってふりかかる。

日本弁護士連合会の憲法五十年記念行事のテーマも国民主権だ。「そのカネは私のもの！」と題し、納税者の視点から、特殊法人や政府の途上国援助（ＯＤＡ）への税金の使い方を考える集会を開いた。

前提となる情報の公開

直接民主主義と間接民主主義が相まって実現される国民主権。その大前提となるのは、情報の公開である。国民が正確な判断をするには十分な情報が欠かせない。

食糧費やカラ出張問題の追及など、行政監視の動きはこの二、三年、一挙に全国化してきた。各地の「点」から始まった情報公開運動は「面」に広がりつつある。

「仙台市民オンブズマン」の庫山恒輔事務局長の集計によると、この間に全国各都道府県へ返還された金と食糧費、旅費の予算での減額を合わせると、約五百億円が節約された。「これからは公共事業などへの監視も必要です」と庫山さんは話す。

まずは身近な地域から、ふつうの市民たちが「主権者」として動き始めている。

国の情報公開法づくりも進んできた。要綱案には、「国民主権の理念」や政府の「説明責任」が盛り込まれた。

国民主権の実質化とは「自分たちのことは自分たちで決める」ことだ。政治家や役所に任せきりにせず、一人ひとりが十分な情報を得て考え、責任を伴う自己決定をする。それは、さまざまな選挙にも共通する民主主義の原点である。

「市民主権」「官治から自治へ」などと呼ばれる動きは、まだ胎動かもしれない。しかし、ふつうの人が名実ともに主権者である社会への新しい流れが、静かにではあるが、始まったように思われる。

解説

朝日はよく「とにかく改憲ありきという姿勢は問題だ」と主張する。しかしながら社説をよく読んでみると、むしろ朝日の方が「とにかく護憲だけが正しい」という硬直した観念にとりつかれているのが、よくわかる。

日本国ということをあえて離れて、一般論として考えてみよう。

憲法を変えることが必要とされる一般的な状況とは何か。それは時代の進展や国際情勢の変化によって、それまでの憲法が対応しきれなくなった時であろう。世界の歴史を見ても実際にそうだし、これは歴史の法則というよりは、むしろ「人類の常識」ともいうべき、あたり前のことだ。

改憲というのは、「人間の作ったものなのだから、長い間に不備やほころび、故障が出てくる。だから古いものをこわして、一部または全部を作り直そうということ」だから、いくら頭の固い朝日でも、これだけは「人類普遍の真理」として、認めざるを得ないはずだ。

ならば問う。憲法制定後半世紀、時代の進展および情勢の変化はまったく無かったか？　まさか、「無い」とは強弁できまい。それどころか、朝日の、この社説だけを読んでも、時代がいかに変わったかが、皮肉なことによくわかってしまう。

そうなのだから、当然わたしたちは、国の根本法規である憲法を、いま見つめ直さねばならない。

朝日も「市民立法」に共感するなら、それを生かす新しい憲法試案を作ればいいのではないか。読売の「現実とのズレを解消しよう」という主張を、さらに具体的にいえば、試案を協議して法律として定める、ということになる。それが民主国家の基本である。

讀賣 vs 朝日

社説対決

両院憲法調査会

国民の憲法意識の変化に国会はどう答えるか

2000年２月、衆議院憲法調査会

憲法論議は国会の基本責務だ（一九九七年五月二四日）

読売

国会は、憲法四一条で、「国権の最高機関」と規定されている。その国会に、国の基本的な枠組みである憲法について議論する場がないというのは、異様な状況というべきだろう。

が、憲法施行五十年を経て、そうしたゆがんだ憲法状況も、ようやく正されつつある。衆参両院に憲法問題を議論する常任委員会を設けようという超党派の「憲法調査委員会設置推進議員連盟」（憲法議連）が、二十三日設立された。

発足の時点までに自民、新進、民主、太陽、さきがけなどの衆参両院議員二百九十人が名を連ねている。

一九六四年七月に内閣の憲法調査会が報告書を提出して以降、国政の場では、憲法を論じること自体がタブー視されるような傾向が続いてきた。憲法議連の設立は、戦後の政治・憲法史上の節目となる大きな意義を有する動きといっていい。

こうした動きを促したのは、ここ数年、次第に明確になってきた国民の憲法意識の変化だろう。

読売新聞の世論調査をはじめとする各種

調査では、国民の多くが、五十年前に施行された現行憲法と、日本および世界の現実との間のズレを、はっきりと意識していることが示されている。

たとえば、読売新聞の調査だと、環境権、プライバシーの権利などの新しい人権については、七〇%以上の人たちが憲法に盛り込むべきだと答えている。別の調査では、知る権利の憲法明記を支持する意見なども多い。

いまだに、憲法論議といえば九条（戦争放棄）改正問題としかとらえない政治勢力もあるが、国民の多くは、もっと広い視野から憲法を見ている。

国会には、こうした国民意識にこたえて問題点を議論し、その結果を整理して、国民に問いかける責務がある。

少なくとも、私学への公費助成のように、だれもが「違憲だが必要」と思っているような実態は早急に是正しなくてはなるまい。いつまでも放置していては、憲法秩序への信頼低下につながる。

九条問題にしても、読売新聞調査では、国民の七〇%が、自衛権を持っていることを憲法にはっきり書いた方がよいと答えている。当然、国会は、この問題からも目をそらしてはなるまい。

ただ、この問題から入れば政治的エネルギーが浪費される恐れもあるというのであれば、手順としては、最も国民多数の理解を得やすい問題から始めるということがあってもいいだろう。

ただし、国会には、単に国民世論の動向を尊重するというだけではなく、国権の最高機関としての見識において国民をリードする責任がある、ということも忘れてはならない。

国会は、一日も早く、憲法のあるべき姿を真正面から議論するための常任委員会を設置すべきである。その委員会は、憲法議連の中山太郎会長がいうように、「未来への議論」をする場になるはずだ。

何のための憲法委員会か（一九九七年五月二八日）

朝日

自民、新進、民主、太陽、さきがけ各党の議員が、衆参両院に憲法問題を論議する常任委員会を設けるための国会法改正案を提出しようとしている。

国会が憲法について論議することは、筋道からいえば当然である。憲法の有効性を高め、国民生活に生かしていくうえで、それは大事なことでもある。

法案審議などを通じて、憲法の規定が現実に生かされているかどうかを不断に検証するとともに、国会みずからのありようを含めて、憲法の期待する社会の実現に向けて懸命に努力することが欠かせない。

第九条をはじめとする憲法の理念や基本原則について、国民の支持が強固であることも忘れてはなるまい。

そのうえで、社会や経済情勢、国民の意識の変化によって憲法が国民の利益に合致しないことが明らかになれば、その規定を見直すべきである。

国家の基本法をめぐる論議とは本来、そのようなものではないか。

先週発足した「憲法制度調査委員会設置推進議員連盟」の趣意書は、憲法論議が必要な理由として地球環境問題の深刻化や地方分権を挙げている。プライバシー保護や情報公開の明記を求める人もいる。

であるならば、それらの問題について具体的な事例に即して突きつめた論議をするのが先決であろう。

情報公開法の制定から諫早湾の干拓まで取り上げるべきテーマは多い。「日米防衛協力のための指針（ガイドライン）」の見直しも控えている。既存の審議の場で、問題点を掘り下げていけば憲法とのかかわりはおのずと浮かぶに違いない。

そうした観点で今回の動きを見ると、初めに改憲や「保保連合」への思惑があり、委員会はその突破口に使われるのではないかとの危惧《きぐ》を抱かざるを得ない。代表世話人の中山太郎氏は政界再編との関連を問われ、「改正発議に参加する人と、しない人との違いは出てくる」と述べた。

　見逃せないのは、議連設立の動きが、沖縄の米軍基地問題をめぐる橋本龍太郎首相と小沢一郎新進党党首の合意のあと、急に勢いづいたことだ。自民党憲法調査会が党員アンケートを実施し、改憲への環境を整えようとしていることとも符節が合う。

「論議の場を設ける」とうたいつつ、本当の狙いをぼかしたまま改憲論議のための政治的雰囲気を盛り上げ、圧倒的な多数派形成へのレールを敷こうというのでは、国民をあざむくことになろう。

　共産、社民両党が参加を見合わせ、民主党などにも慎重論が根強いなかで、多数決で設置を決めるのであれば、憲法をめぐる不毛な対立をあおるだけだ。議連に参加した議員の見識と自覚が問われる。

　憲法施行五十周年を前に朝日新聞社が行った世論調査では「改正が必要」と考える人が四六％で、「必要なし」の三九％を上回った。このような傾向が、議連の中心メンバーを勇気づけた面がありそうだ。

　だが、見落としてもらって困るのは、人びとがどんな点の改正を望んでいるかということだ。

「国際紛争の解決での軍事的役割の明記」などとともに、首相公選制や国民投票制度の新設、国や自治体の情報公開、衆参二院制の見直しを求める声が並んだ。いまの政治への不信や失望ゆえに、そうした意見が噴き出したのだろう。

各党は、ばくぜんとした憲法論議よりも、みずからが憲法に定められた役割と責任を果たしているかを省みるべきだ。

解説

朝日の世論調査ですら、「憲法改正が必要」とする人が「不要」とする人を超えた。

この「現実」は重要である。

朝日を愛読する限り、「憲法を変えることはいかに悪」であるか、社説や記事で叩き込まれることになる、といってもいい。

そういう新聞の世論調査にもかかわらず、改正論者のほうが多数派になったということは、これが民意であるということだ。

もちろん、朝日は「少数派」の意見を無視するなと主張するだろう。あるいは「四六％対三九％」なのだから、護憲派は決して少数とはいえない、と反論してくるかもしれない。だが、少数派は少数派である。

五一対四九でも物事が決定できるのが民主主義だ。この場合、わずか二票差でも「五一」の方を「民意」と呼ぶのである。

「多数決で（憲法委員会）設置を決めるのであれば、憲法をめぐる不毛な対立をあおるだけだ」と朝日は主張するが、「改憲＝悪」とのイメージを定着させようとしてきた朝日こそ、不毛の対立をあおった元凶といえよう。

こういう考え方にどうしても納得できないというなら、具体的な指摘をしておこう。読売が書いている「私学への出費助成」の問題だ。

日本国憲法八九条には「公金その他の公の財産」は「公の支配に属しない慈善、教育若しくは博愛の事業に対し」「支出し、又はその利用に供してはならない」とある。つまり、私学助成金というのは明白な「憲法違反」なのである。ところが日本の法律学者の中には私学に籍を置き、その助成金から研究費を使って活動しながら、「憲法違反」の自衛隊にはカネを出すな、という類の主張をしている人間がいる。こういうことこそ真に護憲精神の衰退につながるのではないか。

このような事態を改めるには、読売の主張するように改憲しかないことは明らかである。

公的資金注入

金融機関破たんを受けて
政治の決断を論ず

1997年11月24日、山一証券破綻

読売

公的資金投入で経済に活路を（一九九七年一一月二五日）

創業百年の名門で、四大証券の一角、山一証券が二十四日、自主廃業を決定した。政府、日銀は投資家保護と金融システムの維持・安定のため万全の体制を整えた。同証券は債務超過には陥っておらず、投資家の資産は完全に保護される。

山一証券は、バブル崩壊後の株式市況低迷の中で営業力の弱さを露呈し、業績不振を続けていた。そこに、今年夏以降、総会屋への利益提供、取引企業への損失補塡《ほてん》、二千数百億円の簿外債務といった企業犯罪や違法行為が相次いで発覚した。最終的にこれが命取りになった。

市場に淘汰された山一証券

日本経済の公共財である証券市場を、その担い手自身が汚していた。市場が、この不公正で弱い企業に「不信任」を出し、断固として退場を迫った。

記者会見した山一の野沢正平社長は「断腸の思い」とうつむいた。名門山一の壊滅は、戦後の復興期、高度成長、ニクソンショック、石油危機と、激動の日本経済を戦ってきた、かつての企業戦士たちにも深い感慨をもって受け止められている。

企業と官僚、政治家、労働組合がスクラムを組んで経済大国を築き上げて来た戦後の「日本株式会社」体制が名実ともに崩壊したことを意味するからだ。

東西冷戦体制の終焉《しゅうえん》は、世界を単一の市場経済に投げ込んだ。国家と国家、企業同士、労働者同士による、国境を超えた大競争時代の幕開けである。

その指導原理というべきものが「市場化」だ。すべての事象を「効率」や「透明性」という市場の価値基準ではかり、それに外れた制度、組織、慣行や伝統、文化までも破壊しようというパワーである。

橋本内閣の六大改革は、戦後五十年たって肥大化・非効率化し、透明性を失った日本の経済、金融、行政を市場化に適応できるよう作り替える作業といえる。

伝統や権威のベールに包まれた無謬《むびゅう》性を国民が信用しない時代だ。戦後日本の権威の象徴で、事実上の司令塔だった大蔵省が護送船団行政を放棄し、多くの役割や判断を市場に譲ったのもその一環だ。

金融の安定は経済の基盤

政府の保護を失った企業は、直接、市場の判定・選別にさらされる。伝統・名門などは評価対象とならず、非効率、不公正と市場に判断されれば存在を許されない。

「市場」とは、企業の生と死を通して、経

済社会の情報や知識を組み替えていくものだ。企業の判断の誤りは、その企業が淘汰《とうた》されることで社会的に修正される。

市場はきわめて獰猛《どうもう》で短気だ。弱みを発見したら、それが完全に修復されるまで何度でも攻撃を加える。問題の先送りや、あいまいな決着を拒否する。

我々は、日本経済の抱える最大の弱点は不良債権問題など金融システム不安であり公的資金を投入してでも一気に解決する政治的意思を早急に表明すべきだと主張して来た。今こそ判断を誤ってはならない。

金融システム不安が株価を下落させ、それが不況感を拡大し、株価下落―金融システム不安増幅という悪循環の元凶となっている。日本経済を覆う閉塞《へいそく》感の原因を思い切って断ち切る時である。

むろん、わが国金融機関の不良債権処理は着実に進んでいる。今年三月末の不良債権総額は二十七兆九千億円と、ピーク時より十兆円も減少した。担保などで手当てがついておらず、今後処理しなければならない額は四兆七千億円弱にとどまる。九月の中間決算でも巨額の償却が行われた。

全体で見れば、不良債権問題はすでに峠を越えたが、獰猛で短気な市場にとっては依然、格好の攻撃材料だ。

三洋証券、北海道拓殖銀行に続く山一証券の破綻《はたん》を目の前にして、三塚蔵相は初めて公的資金投入の検討を指示した。自民党の加藤幹事長も「政府を全面的に支える」と表明した。野党の多くも、ここに来て、原則的に公的資金投入による金融不安解消に理解を示しはじめている。

住宅金融専門会社問題以降、政治的タブーにされてしまった公的資金の投入に、政府や政治が一歩踏み出したことは、遅ればせとはいえ評価すべきだ。金融不安の解消に大きな効果を発揮しよう。

公的資金はまず、預金保険機構の財源拡充、強化に向けられることになろう。具体策を早急にとりまとめて欲しい。

財政資金投入の目的は、あくまで善意の預金者を保護することで、取り付けなどの混乱から金融システムを守ることにある。金融システムはその国の経済活動を支えるインフラの根幹であり、その崩壊は国民経済を破壊し、国民生活を破綻させる。それを防ぐための投入だ。

政治決断が国民経済を守る

決して金融機関救済のためではない。財政資金を投入された金融機関は消滅する。金融の破綻から預金を守るために投入されるのだ。破綻金融機関の経営者、監督官庁の責任が追及され、投入が透明なルールに従って行われるべきは言うまでもない。

公的資金問題には多くの誤解がつきまとってきた。株価がバブル崩壊後の最安値をつけた九二年夏、宮沢内閣が導入を検討したが、財界の一部の「金融機関救済」という誤解による反対などで見送られた。

住専問題でも、政治が「農林系金融機関の貯金者保護による金融システム維持」という真相を隠し責任逃れに終始した結果、国民的アレルギーを作ってしまった。

だが、金融システムの危機を回避するための財政資金投入は国際的には常識的な手法だ。八〇年代以降、世界で百か国以上が公的資金で不良債権を処理したという。

米国でも貯蓄貸付組合の破綻による経済危機を、二十兆円近い財政資金の投入で乗り切った。当時のブッシュ大統領がテレビなどを通じて国民に訴え、説得した。それが現在の米経済好調の基盤となっている。金融の安定が経済の再生、活性化にとっていかに重要かという証左である。

わが国の政治もルビコンを渡る時だ。政治が危機を直視し、勇気をもって解決に当たることは、市場の攻撃から日本経済を守り国際的責任を果たすことになる。

国民の誤解を晴らし、説得すべきだ。この歴史的局面での、政治の決断と勇気は、必ず日本経済の再生につながるはずだ。

公的資金論のゆがみを正せ（一九九七年一一月二六日）

朝日

三洋証券、北海道拓殖銀行、山一証券の相次ぐ経営破たんをきっかけとして、金融機関の不良債権処理に「公的資金」の投入論が高まってきた。

内外の金融機関は、互いに決済機能を果たし合っている。お金の流れが突然止まり、その機能がマヒしたら大混乱に陥る。預金者の保護や信用不安の拡大を防ぐために、日本銀行が臨時異例の緊急措置として特別融資に踏み切るのは妥当だろう。

この日銀特融も広い意味では公的資金だが、投入論が出てきているのは、財政資金つまり財政投融資の資金と税金である。

財政資金の投入は、あくまでも預金者の保護を目的とし、対象となる金融機関は消滅させる。それが大前提だ、と私たちは主張してきた。

国民の税金を使うからには、さらに不良債権額の確定と情報公開、経営責任の明確化、公正な破たん手続き、国会での審議などが必要不可欠だ。

いま、出てきている公的資金投入論は、こうした前提を満たしていない以上、あやまっているといわざるをえない。

そのひとつは、預金保険機構の積立金が足りなくなったとき、そこが政府保証債を発行して、資金を調達する、という案である。政保債を買うのは、郵便貯金などの資金を集めた財政投融資だという。

住宅金融専門会社（住専）への六千八百五十億円の税金投入は、農協系金融機関への救済資金だった。この経緯に強い反発を受けたことから、こんどは財投活用を選ぶのだとしたら、首をかしげたくなる。

政保債がこげつけば、つけは国民の税金にまわる。国鉄の債務と同じ構図だ。直ちに税金を使うわけではないといっても、問題の先送りにすぎない。

経営不振となった銀行の発行する株式を財投機関が買い取る、という自民党内の案はなお、おかしい。これは金融機関の延命に手を貸すだけのことになる。

まして、銀行に資金を供給することで、企業への貸し渋りを緩和させる狙いが込められているとしたら、それは筋違いというものである。

銀行の貸し渋りが、中小企業などの経営に悪影響を与えているというのなら、その対策は独自に講じればいい。自民党内の案には、公的資金投入の間口を規律なく広げてしまう危険がつきまとう。

投入の対象として、銀行と証券を同列に扱う議論も納得できない。

証券会社の場合、預かった証券類は多い

が、投資家に返済しなければならない金額は、銀行よりはるかに少ない。その破たんが金融システムを壊す危険性も薄い。

まして山一の場合、二千六百億円を超える簿外債務があるとはいえ、四千三百億円の自己資本があるので、債務超過にはならないという。それが事実ならば、自分の持ち金で支払えるのだから、日銀による資金繰り支援で十分なはずだ。

三塚博蔵相は、公的資金の投入を含む対応策の検討対象として、預金保険機構のほか、証券の寄託証券補償基金、保険の支払い保証制度などをあげた。

証券業界の任意の互助基金である補償基金は、破たんした証券会社の規模に関係なく一社二十億円までしか出ない。その仕組みの充実は必要だろうが、リスクを前提とした証券投資を、預金と同じように税金で保護するのには違和感がある。

国民の多くが納得できるルールづくりを急ぐためにも、不透明で公正さに欠ける公的資金投入論は排除したい。

解説

これもまた苦渋の選択ではある。

朝日は、「国民の税金を使うからには、さらに不良債権額の確定と情報公開、経営責任の明確化、公正な破たん手続き、国会での審議」が「必要不可欠」なことだと書いている。

そもそも「公的資金」という言い方自体にも問題があることを、朝日は「　」に入れることで示したのだろう。そのセンスは妥当なものだ。

しかし、この問題は単純に論理的に白か黒か、つまり「公的資金投入、是か非か」という形で決着はつけられない。

なぜなら、経済は生き物だからだ。だとすれば、朝日が「必要不可欠」だと断言することに問題はないか。

手当てをすぐにしなくてはならない病人の前で、治療法が妥当なものか討論しているヒマはないだろう。ただちに輸血や手術が必要な場合がある。同じように、「必要不可欠」なことを前提としていては、生き物である経済は救えない場合もあるのだ。

この問題は、もし読売の言う通り「公的資金が投入されていなかったら」という観点で、「歴史」というモノサシを当てて判断してもらうほかはない。

慰安婦問題

中川発言をめぐり事実認識で火花を散らす

広島高裁で敗訴した韓国の従軍慰安婦賠償訴訟原告団＝時事＝

「慰安婦」問題をもてあそぶな（一九九八年八月四日）

読売

ことあれかし、といった騒ぎかたとは、こういうのを言うのだろう。いわゆる従軍慰安婦問題についての中川農相の発言をめぐって、韓国が反発するに違いないと、わざわざ韓国の反発をそそのかしているような報道がある。

中川農相は、就任直後の初記者会見で、〈1〉中学校の教科書に従軍慰安婦に関する記載があるのは疑問、〈2〉強制連行があったかどうかはわからない、などと述べ、翌日、発言を撤回した。

撤回したのは、戦時中の勤労動員だった女子挺身《ていしん》隊を従軍慰安婦集めの〝女性狩り〟だったと、歴史を捏造《ねつぞう》していた一部マスコミが、捏造への反省も訂正もないまま、重ねて問題発言だとして騒いだからだ。

中川発言には、まず、〈1〉中学校の教科書に性にからむ問題をこういう形で取り上げるのが適切か否か、〈2〉「従軍」慰安婦という言葉自体が近年の造語なのに、教科書で使うのはどうか、といった問題が絡む。

これらの問題を含めて、現在の教科書の記述内容については、さまざまな議論があり、中川農相にも独自の見解があっても、なんの不思議もない。

次に、強制連行については、九三年八月の河野官房長官談話で「官憲等が直接これに関与したこともあった」とされ、政府が認めたかのような形にもなっている。

だが、河野談話には、強制連行があったことを示す裏付けがなかったことは、その後、当時の石原信雄・内閣官房副長官の証言や、内閣外政審議室長の国会答弁などで明らかになっている。

である以上、強制連行があったかどうかわからない、とする中川発言には、なんの問題もない。

しかも、中川農相は、初めの記者会見の時から、閣僚としては、河野談話に拘束されると明言している。

中川発言に対して、社民党が農相更迭を要求している。かつて、憲法改正論議をタブーとし、閣僚がその問題に言及した場合にはたちまち辞任を要求したのと、同様のパターンである。慰安婦問題を新たなタブーにしようとする悪質な言論封じだ。

そもそも、社民党に中川更迭を要求する資格があるのか。例えば、細川内閣時代の社民党（旧社会党）の閣僚は、安保・自衛隊、国旗・国歌について、党の立場と閣僚の立場を使い分けていたではないか。

他方、橋本内閣では小泉前厚相が、郵政民営化をめぐり、当時の政府方針とは異なる見解を表明していたのに、与党だった社民党は更迭など要求していない。

　慰安婦問題についていえば、韓国では、いまだに国定教科書も、関係民間団体も、女子挺身隊が慰安婦狩りのための強制連行だったかのような前提に立っていることの方がおかしい。金大中大統領も、それを混同しているように見受けられる。

　日本政府がいま、韓国に対していうべきは、女子挺身隊と慰安婦とは異なるものだというけじめをきちんとつけよ、ということのはずだ。小渕政権の毅然《きぜん》とした対応を望みたい。

中川氏発言――これで「外交の小渕」か（一九九八年八月一日）

朝日

　小渕恵三首相とすれば、新政権の門出に冷や水を浴びせられた思いだろう。

　従軍慰安婦問題での日本軍の関与や強制性をめぐる、中川昭一農水相の記者会見での発言のことだ。

　慰安婦への強制性があったかどうか、専門家の間にも議論があるにもかかわらず、歴史的事実として教科書に記載されていることに疑問を感じている。中川氏はそのように主張した。

慰安婦の移送や管理などに日本軍が関与し、全体として強制性があったことは資料や証言によって裏付けられている。この見解は、そうした歴史の事実に目をつぶるにとどまらない。日本政府として軍の関与を認め、謝罪した一九九三年八月の河野洋平官房長官談話への挑戦である。

日本の植民地支配や軍事占領の実態を、子どもたちが教科書を通じて知ることは、国際化が進むこの世界で生きていくための大切な素養となるはずである。

反響の大きさに驚いたのだろう。中川氏はわずか半日で発言を撤回した。いまは、河野官房長官談話と一致した考え方をもっており、「アジアのいろいろな立場の方、とくに女性の方に迷惑をかけたことは事実だと思う」と釈明した。

戦前、戦中のアジア諸国との関係をめぐる新閣僚の独りよがりの発言が物議をかもしたのは、今回に限らない。本人や政権は、そのたびに発言を撤回したり、更迭によってその場をしのいだりしてきた。

小渕首相は初の記者会見で、中川氏が前言を否定したのだから、閣僚の任命には何の問題もない、と強調した。これ以上事を荒立てたくないという思いがのぞく。

しかし、それですむのだろうか。ほころびを隠すような態度をとり続ける限り、問題の根を取り除くことはできない。外交を通じて国益にかかわる閣僚には、どのような歴史認識が求められるかという、重要な論議も深まらない。

四十五歳の中川氏は、自民党議員百人余りを集めた「日本の前途と歴史教育を考える若手議員の会」の代表だった。

ねらいは、慰安婦や南京虐殺についての中学校教科書記述の見直しである。中川氏は本音を語ったとみるべきだろう。

首相は、中川氏のそうした歴史認識を承知のうえで閣僚に任命したのか。そうであれば、責任はまず首相自身が負わねばならない。知らなかったとすれば、あまりにも不用意といわなければならない。

首相は九月に中国の江沢民国家主席、十月には韓国の金大中大統領を東京に迎える。国連総会出席の機会に日米首脳会談が見込まれ、十一月にはロシアを訪問する。来世紀に向けた東アジアの秩序をいかにつくっていくかが首脳外交の課題である。

そうした外交を主体的に進めていくためにこそ、韓国、中国をはじめとする近隣諸国との間の信頼が欠かせない。

金大統領は日韓関係の新たな発展に向けて、「過去の清算」を首脳会談で求めるだろう。元慰安婦支援をめぐる日韓間の摩擦をどう解くかも重要な課題となる。

撤回したとはいえ、このような認識を持つ中川氏は、閣僚としての適格性に欠けるといわざるをえない。まして農水相は、漁業交渉の責任者となる立場である。政権安定のための派閥力学ばかりに目がいき、閣僚にふさわしい人物かどうかの判断がおろそかになったのか。だとすれば、「外交の小渕」はいかにも底が浅い。

解説

この問題に関しては、読売の社説をそのまま読んで頂ければいい。どちらが正しいか迷うなどということはまったくない。

そもそも「従軍慰安婦」問題をキャンペーンにして大々的に取り上げたのは、朝日であった。「私は韓国済州島で慰安婦にするための女狩りをした」と名乗り出た男（後にこの「証言」は虚偽であったとわかり朝日も紙面でそれを認めた）を良心的なヒーローとして喧伝し、女性を強制連行した戦争犯罪として内外に大々的に報道した。

ところが、政府および学者・専門家の調査によって、「強制連行」の事実は確認できないことがわかった途端、朝日はどうしたか？

「強制連行でなくても強制性があったのだから同じことだ」と開き直ったのである（一九九七年三月三十一日付朝刊）。これはたとえば人を殺人罪で告発しておいて、その事実が証明できないとみるや、「殺意はあったろう。だから人殺しに違いない」と言うのと同じことで、まさに犯罪的行為である。

ところが日本の政治家の中には、「やってもいないこと」を「やりました」とウソをつくことが「良心」だと錯覚している人がいる。河野洋平氏がその典型で、読売が報じた通り「河野談話」には証拠がなかった。それなのに「やりました」と河野氏は言った。これはほかならぬ河野氏自身が認めていることなのである。このような自虐体質は国民を愚ろうするものであり、一刻も早く正されるべきだと私は考える。

日の丸・君が代

高校校長自殺が口火
古くて長い対立の決着

校長の自殺があった広島県立世羅高校卒業式

「国旗・国歌」問題にけじめを（一九九九年三月四日）

読売

世界中の人が「日の丸」「君が代」は日本の国旗、国歌だと思っている。日本国民の大多数も、そう思っている。ところが、日本国内の一部の人たちだけが国旗、国歌だと認めず教育現場が混乱している。

こんなおかしな話には、そろそろ、きちんとしたけじめをつけてもいいころだ。

政府が、「日の丸」「君が代」を法律で国旗、国歌と位置づける検討作業に着手することになった。卒業式を控えた広島県立高校の校長が、「日の丸」「君が代」の扱いを巡って、県教育委員会と教職員らとの間で板挟みになって自殺した痛ましい出来事を、きわめて重く受け止めた結果だ。

わたしたちは、成文法に書かれていようがいまいが、「日の丸」「君が代」は、伝統と慣習により、国旗であり国歌であると認識している。

こうした認識は、わたしたちの独善や思い込みではない。

読売新聞社が九〇年四月に実施した世論調査でも、学校行事での「日の丸」掲揚に賛成する人は七九％に上った。反対は、わずか一三％だった。事実上、国民的なコンセンサスがすでに成立していると見ていい数字だろう。「君が代」斉唱についても賛成が七五％、反対は一七％にすぎなかった。

要するに、「日の丸」「君が代」とも、国民大多数の間に、国旗、国歌として定着しているのである。

国際的には、もっとはっきり、日本の国旗、国歌として定着している。

オリンピックをはじめとする国際スポーツ大会でのことは、いうまでもない。首脳外交などでは、訪問先のどこの国でも、歓迎行事として、「日の丸」を掲揚し「君が代」を演奏する。

ニューヨークの国連本部前に各国の国旗と並んで翻っている「日の丸」を、国旗ではないなどと言ってみても、外国人には不審な顔をされるだけだろう。

いわば国際的にも常識化している。

こうした現実からすれば、これまで「日の丸」「君が代」をわざわざ法律で国旗、国歌と指定するまでもなかった。しかし、慣習法にゆだねてある結果として、教育現場で混乱が続いているのだとするなら、法制化も考えてよいだろう。

掲揚・斉唱反対派が、国旗、国歌だという成文法上の根拠がないことを理由の一つにしていることを見れば、なおさらだ。

「日の丸」「君が代」は日本の国旗、国歌にふさわしくない、と主張する反対論もある。ならば、この際、法制化論議に参加する中で、どんな国旗、国歌がよいと考えるのか、具体的に対案を提示し、国民の意見を聞いてみたらよい。

　とくに「日の丸」「君が代」には反対しつつも、国旗・国歌の法制化が必要との方針を打ち出している共産党は、対案を示す責任があるのではないか。

　政府の国旗・国歌法制化の動きに、自民党、自由党をはじめ、民主党、公明党なども肯定的な姿勢を見せているようだ。

　世界の常識に沿った、前向きの議論を期待したい。

朝日

なぜ、いま法制化か（一九九九年三月三日）

政府が日の丸、君が代の法制化に向け、にわかに動き始めた。

　小渕恵三首相は二月二十五日、国会で「現時点で法制化は考えていない」と答えた。一週間もたたないうちの方針転換は、政府の浮足だった対応を物語る。

　卒業式での日の丸掲揚、君が代斉唱をめぐり、高校長が自殺した広島県での事件がきっかけとなったのは明らかだ。

　野中広務官房長官は「（掲揚、斉唱につ

いて）現場に任せると、今回のような事件も起こりうる。法的根拠を与えたい」と述べた。国が法律で日の丸を国旗、君が代を国歌と定めることで、教育現場での混乱を防ごうとの狙いははっきりしている。

長い間、議論の的となってきた日の丸、君が代問題に今世紀のうちに決着をつけたい、との気持ちも働いているようだ。

日の丸、君が代の国旗、国歌化に強く反対してきた共産党が最近、法律によって国旗、国歌の根拠を定めるよう求める新見解をまとめた。日の丸、君が代の法制化には反対しつつ、最終的に法律で国旗、国歌と決まれば容認するとも受け取れる。

野中氏の判断の基礎には、日の丸、君が代をめぐるこうした情勢の変化も含まれていたと思われる。

日の丸、君が代問題で教育現場が混乱するのは確かに不幸なことだ。悲劇を繰り返さないための方策を考える必要がある。

だが、それが日の丸、君が代の法制化だという発想は短絡的にすぎる。

近代国家において、国旗と国歌は国の象徴とみなされている。建国の時点で、ともに法制化している国も多い。

国民的な論議を積み重ね、象徴としてふさわしい国旗と国歌を法律で定めること自体を否定すべきではないだろう。

しかし、法制化によって学校での日の丸掲揚と君が代斉唱を徹底させようというのは本末転倒というほかない。国旗、国歌をめぐる多様な論議を封じ、日の丸、君が代の強制につながりかねないからだ。

広島では自殺事件のあと、君が代斉唱を指示しなかった十人余りの校長のなかで、県教育委員会に進退伺を出そうとする動きが続いている。強圧姿勢は混乱をむしろ助長すると知るべきである。

若い世代を中心に日の丸、君が代に違和感を持たない層が広がっていることは、世論調査の結果からもうかがえる。

かといって、日の丸、君が代が戦争責任や歴史認識問題と絡んできた事実が消えるわけではない。そのことに思いを寄せる人々の思想と信条を尊重することは、国際社会で生きていくうえでも欠かせない。

今回の混乱の原因は、大人の世界で意見が分かれている問題を一律に学校現場に持ち込み、子供たちへの指導を強制しようとした点にある。反対意見を封じるのではなく、学校や生徒の自主性に任せることこそ、解決に向けた正しい道だ。

日の丸、君が代の義務化を定めた学習指導要領を改めるのが先決である。

国旗、国歌の法制化を議論するのなら、教育現場を狙い撃ちにするような性急なやり方ではなく、国民全体の合意を徐々に広げていく方法をとるべきだ。

その結果、日の丸が国際協調や人権尊重の理念を象徴する意味をもって定着するのであれば、それはもとより望ましい。
君が代が国歌としてふさわしいかどうか
を議論してもいいだろう。
先に法制化ありき、はよくない。

解説

日本でも大変国際化が進んでいる組織に、インド人理事長がいる。

その人が私にぶつけた素朴な疑問は次のようなものだ。

「なぜ日本は法律上の国旗がずっと存在しなかったのですか？」

「それは何が何でも絶対反対だという人々がいたからですよ」と、とりあえずは答えておいたが、後でこれは民主国家にあるまじき回答であったなと反省した。

どんな国でも「絶対反対」「何でも反対」の人はいる。しかし、通常の法律案なら五一対四九（過半数）で、憲法のような特別なものでも六七対三三（三分の二以上）で片がつくのだ。逆にいえば三人に一人が絶対反対でも法案は通るということだ。本来、民主主義とはそういうスピーディな制度なのである。

そのことを考えれば、「日の丸」「君が代」が九〇年代末期になってようやく法制化されたことは極めて異常な事態としかいいようがない。

もっとも、国旗・国歌などというものは、法制化などという「他人行儀」なことをせずに、国民の暗黙の支持の下にあるべきだ、という考え方もある。これがある意味では理想であることは認めるが、問題は日本にはその理想と現実の差を悪用して、教育現場を混乱させようとする人々が存在することである。

どんな国でも国旗・国歌はある。そして、国の象徴として尊敬の念が捧げられている。私が日本人として一時期大変恥ずかしかったのは、日本の若者が海外で、他国の国旗に対して極めて無礼な態度をとっているのに出会ったときだ。

これはおそらく読者の皆さんにも経験あることではないだろうか。その時に気がついたのは、彼らは国旗（もちろん国歌も）が敬意を捧げるべき存在であり、自国の国旗に対するのと同等の敬意を他国の国旗にも捧げなければならない、それが国際人としてのマナーである、という基本的教育をまったく受けていない、ということだった。

一歩どころか百歩譲って、仮に「日の丸・君が代」が国旗・国歌にふさわしくないとしても、いやそれならなおさら新しい国旗や国歌を定めて、少なくとも国旗・国歌への敬意という国際マナーだけは、教育の場で必ず教えなければならない。

そういうことをまったく無視する人々がいる以上、やはり法制化はやむを得なかったといえるだろう。

相続税

税問題で必ず現れる平等主義という悪弊

政府税調答申を受ける小渕恵三首相

次は相続税を減税する番だ（一九九九年三月八日）

読売

税制改正法案の参院での審議にめどが立ち、個人所得に対する所得・住民税の合計最高税率は今年、六五％から五〇％に引き下げられることが確実となった。その結果、重税感がますます強まっているのが、最高税率が七〇％に達する相続税だ。

相続税は、「減税は金持ち優遇」との批判を恐れる政党と、税収を維持したい大蔵省の思惑が結び付き、十一年間も最高税率が据え置かれている。

しかし、財産の継承を過酷なまでに制限する相続税は、事業家からやる気を奪い、日本経済が活力を失う大きな原因となっている。相続税は、大幅に減税すべきだ。

諸外国に比べ、日本の相続税は異様なほど重い。最高税率は、米国五五％、イギリスとフランス四〇％、ドイツ三〇％で、日本の七〇％が突出している。

九九年度の相続税収は、一兆九千四百八十億円と見込まれる。これは一般会計税収の四・一％に当たるが、欧米主要国はそろって二％を下回っている。最高税率が高いだけでなく、欧米より少額の相続にも課税しているためである。

重課税の最大の弊害は、中小企業の事業の継承を難しくしていることだ。

非上場企業の株式は、その企業の純資産（土地、設備など）か同一業種の上場企業の株価を基準に課税される。現金の遺贈を受けず、株式や店舗、工場だけを相続した場合、不動産を売らずに相続税を納めるのは不可能に近い。個人営業の商店で店舗兼住宅を相続する時も同じだ。

九七年度の国税庁統計年報によると、死去に伴う相続税が二十億円を超えた人は全国で五百二十人。このうち、四百六人までが東京と関東信越国税局の管内に集中している。地価の高い首都圏で、土地を相続した人に負担が集中していることを物語る。

中小企業の事業主向けに、「最新・事業承継対策」というパンフレットをまとめた東京商工会議所は、「相続税が、都内で相次ぐ廃業の大きな原因になっている」と指摘する。廃業で路頭に迷うのは、言うまでもなく中小企業の従業員だ。

九九年度の税制改正では、事業を引き継ぐ相続人のために設けられている「事業または居住用地への相続税軽減措置」の適用上限が、二百平方メートルから三百三十平方メートルに拡大された。効果がないとは言わないが、小手先の対応との印象が否めない。

ベンチャー企業を含む中小企業の活性化なしに、日本経済の再生はありえない。そのためには、成功した起業家を、ねたまずに祝福する風土を築くとともに、努力が報われる税制の確立が必要だ。

　相続税の減税を、「機会の平等」だけでなく、「結果の平等」までを追い求めた戦後日本の「悪《あ》しき平等主義」を変える第一歩にしたい。

　自民党税制調査会は昨年末の税制改正大綱に、「相続税は個人所得課税の抜本的な見直しに合わせて、最高税率の引き下げを含む税率構造の見直しや課税ベース等について検討する」ことを盛り込んだ。この公約を忘れてはなるまい。

相続税減税——実態を踏まえた議論を（一九九九年一〇月四日）

朝日

　小渕恵三首相の指示で、相続税の減税が経済政策の優先課題に浮上してきた。自民、公明両党の政策合意にも盛り込まれ、来年度の改正で実現する公算が大きくなっている。

　「相続税の負担が重く、中小企業の経営者が代替わりする際の障害になっている」というのが、減税論の根拠である。

具体的には、現行七〇%の最高税率の引き下げと、事業承継に関する軽減措置の拡大などが検討される見通しだ。

相続税を実際に払うケースは、亡くなった人の約五%に過ぎない。けれども、払う払わないは別として、「七〇%は取られ過ぎだ」との主張は、一般的に受け入れられやすいようにみえる。

今年度の改正で所得・住民税の最高税率が六五%から五〇%に引き下げられただけに、「相続税の税率も下げるのが当然」との空気もある。

しかし、相続税の対象となる遺産の取得は、いわば不労所得である。働いて得た所得と同列に扱うのはおかしい。

加えて、所得税の場合、減税には経済を活性化させる効果がある。努力や才覚で成功した人が、やる気をそがれるような高率課税は、好ましくないだろう。

相続税に同じ理屈を当てはめるのは妥当ではあるまい。それに、課税遺産が二十億円を超える部分に課す最高税率を適用されるのは、年にほんの数人程度だ。

その引き下げが、中小企業の振興に大きな効果を及ぼすとは思えない。

相続税には、資産の集中を防ぎ、機会の平等を支える機能があることを忘れてはなるまい。最高税率を下げようとするなら、そうした観点からの論議が必要だ。

事業承継という点では、相続税率よりも、

土地や株式などの評価の仕方に不満が多いといわれる。実際の価値より高く評価されるため、相続税の負担が不当に重くなっているという。

確かに、地価が高騰したバブル期には、相続税を払えず、店舗や自宅の売却に追い込まれた人たちが出た。

だが、小規模な土地については、その後に導入された軽減策に地価の下落が重なり、負担は大幅に緩和されている。

たとえば、東京都千代田区に二百平方メートルの事業用地を所有し、約一億五千万円の資産を持っていた人が亡くなり、配偶者と三人の子どもが相続したとする。

大蔵省の試算によると、一九九一年には合わせて約一億九千万円の相続税を払う必要があった。今年なら千二百五十万円程度で済むという。

会社を受け継いだ時の株式の評価の方は、検討の余地があるだろう。

中小企業の株式の大半は取引相場がなく、実際に売るのは難しい。それを考慮して、公開されている類似業種の株式より評価額を下げる措置が取られている。

一層の軽減が必要かどうか、まず実態をよく調べてもらいたい。

同時に、こうした措置が相続税逃れに悪用されないような工夫も大切だ。

相続税のいまの仕組みでは、遺族が申告する時点で事業を継続していれば、軽減措置が受けられる。極端にいえば、申告の翌日に事業を売り渡してもよい。

米国では、相続後十年にわたって追跡調査し、その間に事業をやめると、軽減分の一部が追徴される。こうした制度の導入を考えてみてはどうだろう。

解説

この問題も戦後の病弊の一つである「悪平等」が、典型的に現われた問題である。

他のことでは、よく「欧米先進国並みに」と主張する朝日が、得意（？）のダブル・スタンダードを適用するのが、「軍事」と「中国」、「悪平等」だ。朝日にとって、ここでは「欧米並み」は正しくないのである。

読売が例証として出している「米国五五%、イギリスとフランス四〇%、ドイツ三〇%、日本七〇%」という数字を見るだけでも、減税が必要か不必要かという議論の結論は明らかであろう。

朝日は相続財産は「不労所得」であり、働いて得た所得と同等にくるのはおかしい、という。

しかしこれは、成功者への嫉妬というべき、悪平等の感覚に基づくものではないか。

こうした悪平等を支える感情が、たとえば伝統文化や芸能の継承への大きな障害となっていることを、朝日はご存じないのだろうか。

とくに田畑などを継承してゆく農村社会においては、この問題は深刻な影響を及ぼしているのである。

ペイオフ

先送り策の波紋
現実主義と
責任論の対立

1999年12月29日、ペイオフ解禁の延期を発表する与党政策責任者

まだ「ペイオフ」の環境にない（一九九九年一二月二三日）

読売

破綻《はたん》した金融機関の預金払い戻しを一千万円までしか保証しない「ペイオフ」を、予定通り二〇〇一年四月に凍結解除することについて、金融システムや実体経済への影響を不安視する声が高まっている。

不安の焦点の一つは、経営健全化の取り組みが遅れている信用組合であり、もう一つは当座預金、普通預金など、仕入れ代金の払い込みやクレジットカードの支払いに使われる「決済性預金」である。

金融再生委員会の越智委員長は、「信用組合に限り、ペイオフの凍結解除を二年程度延期するべきだ」との見解を表明し、宮沢蔵相も、予定通りの凍結解除がいいかどうか、「信用組合については分からない」と、迷いがあることを認めている。

決済性預金をめぐっては金融審議会（蔵相の諮問機関）が二十一日まとめた最終報告のなかで、金融機関の破綻によって決済が滞ることがないよう、全額を条件付きで保護する方針を打ち出した。

ペイオフの凍結解除とは、日本の金融システムが危機から脱し、安定を回復したことを、内外に向けて宣言する意味を持つ。

凍結解除から信用組合を除いたり、預金の一部を特別扱いする必要があるとすれば、それはペイオフの凍結解除そのものが時期尚早であることの証明にほかならない。

消え残る金融不安を包み隠し、あたかも安定が回復したように外面を取り繕う措置は、かえって国際的な信頼を損なう。

ペイオフは、歯止めのない延期にならないよう年限を切るなり、凍結解除する際の具体的な条件を明示するなりしたうえで、凍結解除を延期するべきだ。

信用組合を凍結解除の対象から外そうという政府・与党内の動きに対しては、総選挙を意識した、信用組合やその取引企業向けの人気取り策、との見方がある。介護保険の特別対策や児童手当の拡充問題で演じられた理念後回しの強引な政治手法が、疑念を抱かせるのだろう。

だが、その視点にとらわれて信用組合の問題を軽視するのは、危険が大きい。経営実態が現状では金融監督庁に把握されていない事実に、目を向ける必要がある。

信用組合の監督権限は来年四月、監督庁に移管されるが、現在は各都道府県が握っている。その都道府県にしても、管轄下の信用組合に必ずしも目配りが行き届いていないことは、東京協和、安全という二つの組合が破綻した九四年の東京都のケースなどを思い出せば、分かるはずだ。

経営実態が見えないことに加え、信用組

合の場合は、大手銀行が資本注入を受けて経営の安定を取り戻したような、早期健全化の枠組みも、まだ整っていない。

　監督庁は来年度、全国に二百九十六ある信用組合の一斉検査をするという。第二地方銀行などの一部でも、まだ経営不安は解消していない。七百人余の検査官（米国は連邦・州合計で約七千八百人）の陣容で、対処できるかどうかは大いに疑問だ。

　ペイオフで対応を誤れば、苦心して積み重ねた金融再生の努力が台無しになる。現実を直視した判断を、政治に求めたい。

ペイオフ延期――失政十年の締めくくり（一九九九年一二月三〇日）

朝日

　国民のためと言いながら、この連立政権は結局、国民を軽んじ、見くびっているのではないか。

　負担や痛みを伴うものは、前言を翻してあっさり先送りする。介護保険に続き、今度はペイオフである。

　金融機関が破たんしても、今は預金の全額が保証されている。その特例を打ちきり、保険で守るのは一千万円までという預金保険の本則に立ち返る「ペイオフ解禁」が一年間、先延ばしされることになった。

いったん決めた方針をくつがえしたことに、異をとなえたい。予定通り、二〇〇一年四月から全面実施すべきである。延期は国民の負担を和らげるどころか、金融改革を遅らせ、重荷を増やしかねない。

政府は、一九九五年にペイオフの凍結を打ち出した。五年余を費やして金融の立て直しを進めるための緊急避難だった。

この間、金融再生委員会が設けられ、不良債権の処理ができない金融機関は退場させた。一方で資本不足に陥ったところには国が資金を投ずる制度までつくった。

利用者の方も、預金先を選ぶようになっている。ペイオフ解禁の後には、自己責任が原則となるということが、ようやく浸透してきた。

今度の先送りは、金融機関と利用者のこうした自助努力に水を差し、もとの「お上依存」体質に戻してしまいかねない。

日本の金融制度が透明で強じんなものに生まれ変わらない限り、それへの国際的な評価は上がらない。

内外に宣言した約束を破ることが、もたらす意味を、亀井静香自民党政調会長ら与党の政策責任者は、どこまでわかっているのだろうか。

国や金融機関の格付けが下げられれば、資金調達のコストが上がる形で、国民全体が被害を被る。

一連の金融改革で政府は、一番弱いところに速度を合わせ、全体を過保護にする「護送船団」方式との決別を覚悟したのではなかったのか。

信用組合への配慮から、延期を求めてない都市銀行などまで総ぐるみで延期というのは、旧来の手法そのものだ。

信組が心配というなら、その経営総点検を二〇〇一年三月までに済ませればいい。まだ一年以上も時間がある。総選挙が近いからという理由も加わっているとなれば、世界の笑いものになるだろう。

どうしても解せないのは、小渕恵三首相や宮沢喜一蔵相の姿勢である。

市町村が必死になって態勢を整えた介護保険の実施計画を、亀井氏らが土壇場でひっくり返したときと同様、黙ってなすがままにさせたとしか思えない。

首相は自民党の総裁でもあり、宮沢氏は三顧の礼をもって迎えられた経済政策の責任者である。いかに政党政治とはいえ、亀井氏らに政府方針の重さ、変更のもたらすマイナスを説く責任があったはずだ。

蔵相はつい数日前まで、「(ペイオフ解禁は)全体として予定通り行ってもらう。まず心配ないというのが私の判断だ」と述べていた。予定通り実施すべきだという考えに変わりがないのなら、なぜ三党の政策責任者会議を傍観したのか。

一九九〇年代は、やっかいなことの先送

りで、傷を大きくする繰り返しだった。ペイオフ延期であることを、次の総選挙ま
「失われた十年」の集大成が、三党による　で有権者はよく覚えておく必要がある。

解説

結局、読売vs朝日の争いは、「現実と理想」、あるいは「ホンネとタテマエ」の争いなのかもしれない。

ただし、「理想」というと少しカッコよすぎるかもしれない。朝日は、憲法問題においてそれが最も顕著にあらわれるが、その「理想」は空論に近いものである。まさしく「机上の空論」といってよいかもしれない。

確かに「――すべきだ」「――であるべきだ」と提言するのは、社説の任務である。とはいえ、新聞社という現実のなかで生きる報道機関としての社説は、その提言はやはり、何らかの実現性、具体性を伴ったものでなければならない。

この「ペイオフ」解除について、朝日は一言で言えば政府の「約束違反」を咎めている。約束違反は確かに重大な問題だ。

だが、約束を守っても経済が「死んで」しまったら、まったく意味がない。経済は生き物であって、「約束」を墨守することが必ずしも適切なものばかりではない。

「公的資金注入」の項でも書いたが、こうした社説は結局は、「歴史」のなかで、結果的にどちらが正しかったかという観点で評価するしかないものであろう。

外国人参政権

参政権は何の
対価か。国の
基本姿勢を論ず

1999年７月、在日外国人参政権獲得デモ（大阪市）

拙速で将来に禍根を残すな（二〇〇〇年九月一四日）

読売

永住外国人への地方「参政権」付与問題の決着を急ぐ声が各党の間で強まっている。

自民党以外は参政権付与に賛成し、党内の反対論が強い自民党でも、実現を迫る公明党に配慮して法案成立を図る動きが執行部に出ている。公明党の神崎代表は、参政権付与の実現を求める金大中韓国大統領が来日する二十二日前の決着を主張している。

これは極めて疑問だ。この問題について十分に論議は尽くされていない。拙速で事を運び、禍根を残してはならない。

もちろん、地方行政に永住外国人の意向や希望を反映させる政策上の措置を最大限講じるべきであるのは当然だ。

だが、外国人への参政権付与となると話は別だ。国のあり方の基本にかかわる問題であるからだ。

永住外国人への参政権付与は、昨年十月の自自公連立政権発足の際に三党が合意した。公明党と保守党は七月の特別国会に法案を提出し、継続審議となっている。

公明、保守両党案は、永住外国人に選挙権を付与し、条例の制定、議会の解散、議員や首長の解職などについての請求権も認めている。韓国、朝鮮籍の永住外国人はいずれも選挙権を付与するとしている。

地方公共団体も国の機構の一部だ。国から全く独立した存在ではない。

条例には、国の政策との関連が問題になる事例もある。外国籍住民の参政権行使が、例えば、国の外交・安全保障政策を損なう恐れがないとは言い切れないだろう。

九五年の最高裁判決は、国民主権の原理に立って、憲法一五条の公務員を選定、罷免する権利は日本国籍を持つ「国民」にあると明示している。

それは世界の常識でもある。北欧諸国など一部を除き、主要国は外国人に国政はもちろん地方参政権も認めていない。ドイツでは、九〇年に連邦憲法裁判所が地方自治体の選挙権付与を違憲としている。

確かに、最高裁判決は、地方公共団体の首長や議員に対する永住外国人の選挙権については、「憲法上禁止されているものではないと解するのが相当」としている。

だが、これは選挙権付与を保障したものではなく、拘束力があるわけではない。現に、判決は、選挙権付与の措置を講じるかどうかは、立法政策の問題として、政策判断にゆだねている。

政策判断という点で、とりわけ政権与党の第一党である自民党の責任は重い。

ところが、自民党執行部には、党内の意見がまとまらないため、採決の際に党議拘束を外すという考えがある。

　生命観など個人の信条にかかわる臓器移植法のような場合とは異なり、地方参政権を付与するかどうかは、国の基本政策だ。それを国会議員各自の判断にゆだねるのでは、政権党として、あまりに無責任だ。

　永住外国人への参政権付与には多様な問題がある。国会の衆参両院に設置されている憲法調査会でじっくり論議するのも一つの考え方だろう。

朝日

永住外国人にも付与を（二〇〇〇年二月一二日）

　地域の住民としての永住外国人にも、自治体の首長や議員を選ぶ権利を与えるべきではないか。そんな考えに基づく法案が、国会に提出されている。

　永住外国人に対する地方選挙権付与法案である。

　昨年十月の自民、自由、公明三党による合意文書に、「三党で議員提案し、成立させる」と明記された。だが、自民党内の反対論が根強く、残る二党で共同提案した。民主党も同様の法案を提出し、共産党は被選挙権も認める法案を出している。

どこの国籍であれ、納税などの義務を果たし、日本人と同じように暮らしている人々に、地域のさまざまな問題についての発言権を与えるのは当然のことだ。法案の早期可決を望みたい。

永住外国人は、約六十二万人にのぼる。その九割近くは、韓国、朝鮮の出身者とその子孫たちだ。ほかに、日本に十年以上滞在し、永住許可を得た人々がいる。

現行法では、外国人には一切参政権が認められていない。しかし、最高裁は一九九五年、永住外国人に地方選挙権を与える法律をつくることについて、「憲法上、禁止されていない」との判断を下した。

これを契機に、在日本大韓民国民団が地方参政権を求める運動を展開する一方、政府レベルでも韓国側が再三実現を求めてきた。訪韓中の自由党の小沢一郎党首との会談で、朴泰俊首相が重ねて要請してもいる。千四百を超す日本の地方議会も、法制化を求める決議などを採択している。

自由、公明両党の案では、二十歳以上の永住外国人が、選挙人名簿への登録を申請すれば、地方議員や首長の選挙での投票を認めるとしている。被選挙権はない。

外国人登録原票の国籍欄に国名が記載されている人に限るため、「朝鮮」籍の人は事実上、対象から除かれる。

これに対し、自民党内からは「参政権を得たければ日本国籍を取得すればいい」という声のほか、「地方で選挙権を認めるとやがて国政にも波及する」「住民の四分の一近くを永住外国人が占めている地域もある」など、強い反対論が出ている。

根底にうかがえるのは、参政権と国籍は本来一体のもので、外国人に参政権を認めると、国としての一体性を損ないかねない、という根強い危機感である。

韓国・朝鮮籍の人々が日本に住んでいる歴史的経緯や、国際的な潮流に目を向けようとしない議論だというほかない。

運動が盛り上がった背景には、戦前、戦後に朝鮮半島からやってきた人々の子孫が三世、四世になりつつあるという事情がある。日本で生まれ育ち、地域社会への帰属意識も強い人々が、日常生活に密接な地方政治に参加したいと思うのは自然だ。

国際的にも、参政権と国籍の関係を柔軟にとらえる考え方が広がっている。

北欧諸国は八〇年代前後に、定住外国人への地方参政権を認めた。欧州連合（EU）各国は原則的に、加盟国の国民ならばどこに住もうと地方参政権を与えている。その権利を定住外国人に広げる動きがある。韓国も法整備を検討している。

国際化や少子化に伴い、身近に住む外国人は増える一方だ。そうした人々と、どのように暮らしていくかは、日本という国のあり方にもかかわってくる。

永住外国人に選挙権を認めることは、地

方自治の理念に沿うだけでなく、国際社会の中で日本が生きる道にもかなうだろう。

解説

読売の言うように「北欧諸国など一部を除き主要国は外国人に国政はもちろん地方参政権も認めていない」、それが世界の常識なのである。

私の知人のアメリカ人、いやアメリカの市民権は持っているが、元は日本人の女性がこう言った。

「日本の国を愛しているなら国籍を取ればいい。国籍を取らずに参政権だけ欲しいっていうのは、義務を果たさずに権利だけは欲しいってことじゃない」

一応、私は弁護した。

「でも、彼らの主張は、税金をちゃんと払っているってことなんだが――」

「だって、母国へ戻ろうと他の国に行こうと、税金は取られるじゃない。そんなのはあたり前のことよ。彼らは戦争になったら、日本のために戦わないんでしょう」

「おいおい、日本には兵役の義務はないんだから――」

そう口にしてみて、私ははじめてこの問題の核心に気がついた。

諸外国が安易に外国人参政権を認めないのは、まさに兵役問題があるからなのである。ち

石原都知事「三国人」発言

発言の本質は差別感情か冷めた現実認識か

2000年 4 月14日、石原都知事、遺憾の意を表明

石原都知事の「三国人」発言はなぜ騒ぎになったか（二〇〇〇年四月一四日）

読売

言葉の〝つまみ食い〟が騒ぎを大きくしたように見える。東京都の石原慎太郎知事が、陸上自衛隊でのあいさつで自衛隊の治安出動に触れ、その中で「三国人」という言葉を使った問題のことである。

「三国人」という言葉は、国際法的な文脈では普通に使われている。しかし、歴史的には差別的な意味合いを伴って使われていた時期もあったことは事実だ。

あいさつの内容からは「外国人」と言うだけでよかったはずだ。不用意な言葉遣いだったと言わなければならない。石原知事も「今後は使わない」と述べている。

ただ、知事あいさつでは、正確には「不法入国した多くの三国人、外国人」という言い方をしている。これだと永住権を有する在日韓国・朝鮮人をはじめ合法的に滞在している外国人を対象とした発言でないことは明らかである。

これが、「不法入国した多くの」という部分をカットして伝えられた。このため、石原知事が在日外国人一般を〝危険視〟する発言をしたかのような反響を呼ぶことになってしまった。

石原知事が、自衛隊の治安出動の可能性に言及したのも、その「不法入国した多くの」外国人を受けた文脈になっている。在日外国人一般ではない。

不正確な報道による誤解から、関東大震災での朝鮮人虐殺事件の再現を懸念する声まで上がっているが、時代背景も社会状況も異なる。今日の日本では、同じ悲劇の再現はあり得ない。石原知事自身、「それは私が絶対に許さない」と述べている。

自衛隊の治安出動の可能性に触れたことには、なんの問題もない。あらゆる事態つまり最悪の事態までを想定しておくのは、危機管理の基本である。そうした事態への備えを怠る政治家、首長がいるとしたら、その方が無責任であろう。

このあいさつの中で石原知事が、自衛隊を「陸海空の三軍」とか「国家の軍隊」と呼んだことも、あってはならない発言であるかのように問題視する議論もある。

おかしな話である。

別に、石原知事だけが自衛隊を軍隊としているわけではない。

たとえば、民主党の鳩山由紀夫代表も、常日ごろ、自衛隊は「軍隊」だと述べ、憲法九条の改正を主張している。

確かに、憲法九条には「陸海空軍その他の戦力は、これを保持しない」とある。

ところが、自衛隊の実態は、どこから見ても軍隊である。しかも、世界有数の精強な陸海空にわたる戦力を保有している。

しかし、国の存立にかかわる安全保障の基盤としての自衛隊を廃止するわけにはいかない。そうである以上、憲法九条の方を改正した方がよい。

鳩山代表らの主張は、こうした認識によるものだろう。

憲法の中に自衛隊を実態どおりの存在としてきちんと位置づけるべきである。そうすれば、自衛隊が軍隊であるかないか、などといった虚構の言葉いじりから国民全体が解放されることになる。

はき違えも甚だしい「三国人」発言（二〇〇〇年四月一三日）

朝日

政治家に大切なのは、信念である。

しかし、その信念も、他者の痛みに対する想像力と、歴史への洞察を欠いては、独りよがりにすぎなくなる。

東京都の石原慎太郎知事の信念とは、まさにそのようなものではないか。

陸上自衛隊第一師団の式典で、「不法入国した多くの三国人、外国人が凶悪な犯罪を繰り返している。大きな災害では騒擾《そうじょう》事件すら想定される」などと語ったことについて、石原知事が記者会見で釈明した。

残念ながら、納得のゆく説明が得られたとは言い難い。それどころか、千二百万の人々が住み、世界と緊密に結びついている国際都市・東京のトップとしては不適格ではないか、との思いが募るばかりである。

「三国人」発言について、石原氏は「辞書には、『当事国以外の国の人』という意味で出ている」「不法に滞在、入国している外国人をさしていった言葉で、ずっと在日でいた朝鮮や韓国の人を不法入国したとは思っていない」などと釈明した。

差別感情やべっ視から出た言葉ではなく、単に「外国人」というほどの意味で使ったのだ、と言いたかったようだ。

だが、それは逃げ口上にすぎない。

「(第)三国人」という言葉は、日本の植民統治下にあった朝鮮や韓国、台湾出身の人々を指す言葉として敗戦直後に使われた。ほかの外国とは区別する響きがあり、そう呼ばれた人々は「独立民族としての誇りを傷つける差別語だ」として忌み嫌ってきた。

六十七歳の石原氏が、「三国人」の持つ意味を知らないはずはあるまい。不法入国する外国人の増加に懸念を抱いての発言であるにせよ、責任ある政治家が口にすべき言葉ではない。恐ろしいほどの無神経さである。

大災害時に不法入国の外国人による騒乱が起きたら自衛隊の治安出動を要請する、

というのが式典の話の核心だった。記者会見でも「治安対策を要請すると発言することが、抑止力になる」と持論の正当性を強調した。

自衛隊に頼るほどの事態が、不法入国した外国人によって引き起こされると本気で考えているのか。都民の生活を守るべき立場を忘れ、荒唐無稽《こうとうむけい》な筋書きを描いて、不安をあおり立てているとしか見えない。防衛庁や自衛隊の幹部が困惑するのも当然である。

見逃せないのは、自衛隊を「国家の軍隊」と呼んでいることだ。二月の都議会でも、「九月三日に陸海空三軍が統合して参加する総合防災訓練を実施する」などと語った。

兵力規模や装備から見れば、自衛隊の実態は軍隊といえる。それを軍隊と呼ばないのは、戦力保持を禁じた憲法とともに、旧軍の反省に立って、自衛隊の任務を専守防衛に厳しく限定してきた戦後日本の国是があるからだ。単なる言い換えではすまない。

歯にきぬを着せずに本音を語ることと、果断な行動力が、石原人気の源泉であろう。

しかし、東京都知事というポストは、気ままな政治信条の表現の場ではない。石原氏は知事として公益を代表する責務がある。はき違えてもらっては困る。

解説

たとえば次のようなケースを考えてみるといい。

アメリカのカリフォルニア州（別にどこの州でもいいのだが）で、不法入国した日本人による窃盗団が凶悪な犯行を続け（あくまで仮定の話だが）、そこで州知事が次のように言ったとしよう。

「不法入国したジャップが悪質な犯行を繰り返している」

これを新聞が、「カリフォルニア州知事が『ジャップが悪質な犯行を繰り返す』と問題発言！」と報じたら、あなたはその新聞を支持するか？　という問題なのである。

「ジャップ」という日本人に対する蔑称が使われたことには、確かに抗議していいかもしれない。しかし、「知事」が言わんとしたことは明白で、「不法入国した日本人」――不法入国とは犯罪であるから「犯罪者である日本人」と言い換えてもよい――はケシカランという意味だろう。もちろん一般の日本人とは別である。それ以上に考えようがない。

仮にその「知事」の心の底に日本人に対する蔑視感情があったとしても、発言自体は事実なのだから封殺してはならない。それを「不法入国」、つまり「犯罪を犯している」という形容詞を外して報道するのは、故意ならば捏造記事であり、故意でないにしても重大な過失である。

もしこんなことがまかり通るならば、新聞はどんな人間でも「殺す」ことができる。たとえば私が、「韓国人のスリ団の横行は目に余る。韓国人のスリは品性下劣だ」と発言したとしよう。この「スリ」という言葉を取って、「井沢元彦が『韓国人は品性下劣』と発言!」などと報道されたら、いったいどうなるか。こんなことが許されるわけがない。朝日にとって石原慎太郎氏が自己の主張に反する人物、すなわち「論敵」であることは事実だったが、いかに「叩くべき」人物であっても、捏造記事で叩いてはいけない。それはルール違反である。この点では石原氏が被害者であることは明確だろう。

それをおさえた上で、「三国人」や「治安出動」を問題にしようというなら、まだ話はわかるが、そうではないのだから、朝日の社説こそ「はき違えも甚だしい」と言えるだろう。

ちなみに「ジャップ」と「三国人」はニュアンスは全然違う言葉である。前者は完全な蔑称だが、後者はかつては朝日も紙面で使用していた言葉だ。また治安出動に関する見解も、読売の見方こそ世界の常識であろう。

憲法改正第二次試案

ようやく論憲
姿勢が共通に——
九条では対立

陸上自衛隊観閲式

読売

二十一世紀の新憲法に向けて（二〇〇〇年五月三日）

今年は戦後の憲法論議史上、大きな節目というべき年である。

なによりも、国会の衆参両院に初めて憲法調査会が設置され、議論が始まったことの意義は大きい。

国民的な議論へ機も熟してきた。読売新聞が継続的に実施している全国世論調査では、憲法改正に賛成する人が、ついに六〇%に達した。反面で、憲法改正に反対する人は、二七%にまで落ち込んだ。

読売新聞が、一九九四年に憲法改正試案を発表したのに続き、このたび憲法改正第二次試案を提言したのは、こうした節目に際し、国会での議論、さらに国民的な議論に向けて、改訂・補強したたたき台を提供したいとの趣旨である。

「公共の福祉」に国際的視野を

第二次試案では、現行憲法の中でも〝不確定多義概念〟の代表とされる「公共の福祉」の内容を、世界の大多数の国が批准している国際人権規約を援用する形で具体的に規定した。併せて「公共の福祉」は「公共の利益」と言い換えることとした。

両院の憲法調査会では、すでに「国家」や、「公と個」、あるいは「公と私」をめぐり、多様な議論が交わされている。

憲法について議論するということは、とりもなおさず「国のあり方」や「国家像」を根底から論じることにほかならないのだから、当然の成り行きであろう。憲法論議の基盤となる問題を国際的、世界的な視野から論じることに、読売新聞の提言が寄与することを望みたい。

大災害などの緊急事態における首相の特別指揮監督権条項を導入したのも、同様の問題意識に基づいている。世界の主要国の多くが国家、国民の安全にかかわる緊急事態についての憲法規定を持っている。

超法規的な緊急対応が、基本的人権に対する無原則な侵害を招くことがないようにするためにも必要な規定である。

国家と国民の安全にとって、最も深刻な緊急事態は、外国からの侵略だろう。それに備える防衛力のあり方も、きちんと論議し直さなくてはならない。

政治運営の機動性を高めよ

その議論は、まず、自衛隊の必要性とその実態を、素直に見るところから始めるべきだろう。自衛隊は「戦力」ではないとか、「軍隊」ではないなどといった虚構の〝言葉いじり〟は、世界にはまったく通用しない議論だ。

読売新聞は、九四年試案で、侵略戦争を禁じる現行憲法九条の第一項は継承した上で、第二項で「自衛のための組織」を持つとして、自衛力の保持を明確化した。

しかし、民主党の鳩山由紀夫代表らが指摘するように、「軍隊」を保持するとする方が、よりわかりやすいことは確かだ。第二次試案で、「自衛のための組織」を「自衛のための軍隊」と修正したのは、そうした議論の動向を踏まえたものである。

また、政治運営の機動性を増すため、参院で否決された法案を衆院で再議決・成立させられる要件を、現行の三分の二以上の多数から、過半数へと緩和した。

政治運営における衆院の優越性強化については、読売新聞はすでに九四年試案で、首相の指名権を衆院に限定することとし、再議決要件を五分の三へとするよう提言していた。今回の提言は、その考え方をさらに進めたものである。

法案処理での衆院優位が格段に強化されることにより、おのずと参院の政党色も薄まっていくだろう。

九四年試案の論点も重要

参院議長の私的諮問機関である有識者懇談会が四月下旬、同様に衆院の過半数再議決という内容を含む一連の参院改革提言をしているが、主眼は、やはり参院の非政党化というところにあるようだ。

そのほか、第二次試案では、政党条項や犯罪被害者の権利保障条項、行政情報の開示請求権条項の導入、地方自治の基本原則の明示などを新たに提言した。

ただし、九四年試案で提起した改正内容も、引き続き、きわめて重要な提言として位置づけてある。

九四年試案では、第一章に「国民主権」を置き、また第四章として「国際協力」を新設した。

基本的人権については、現行憲法制定時には想定もされなかったような科学技術の進展、社会状況の変化に応じて、人格・プライバシー権、環境権を導入した。

司法制度では、憲法裁判所の創設を提言した。裁判システム全体のスピードアップの必要性も考えてのことである。

憲法前文も、「民族の長い歴史と伝統」「美しい国土や文化遺産」などの視点を入れつつ、簡潔なものに書き換えた。

もともと、現行憲法前文は、米国の独立宣言や憲法などの著名な政治文書を切り張りした部分の多い文章である。日本の憲法にふさわしい内容に改めるべきは、当然のことであろう。

両院憲法調査会の論議、国民の憲法論議に際しては、九四年試案、このたびの提言を合わせて、いずれも欠かせない論点だと考える。いうまでもなく、九四年試案以来、議会制民主主義、基本的人権の尊重、平和主義などの基本原理を維持する点では一貫している。

国家戦略の樹立へ議論始めよ

内外ともに、加速度的に変化している時代だ。二十世紀最後の十年ほどの間に次々と続いた世界の歴史的激変が、世の予想をはるかに超えるものだったことを顧みれば、二十一世紀の世界について、最初のたった十年を見通すことさえ、いかに難しいかということがわかる。

いわゆる情報技術（ＩＴ）革命が世界の将来構造に及ぼす影響に関しては、わずか一年前に有力だった予測さえ、「過去」と化しつつある。

こうした先行きの不透明な時代だからこそ、世界、国際社会における日本としての国家戦略はどうあるべきかということを、真剣に議論しなければならない。

その議論の基盤となるのは、国のあり方の基本的枠組みを定める憲法をどういう内容のものにするかということだ。

できるだけ早く、新しい国民憲法を生み出さなくてはならない。

朝日

後ろ向きの「押しつけ論」（二〇〇〇年五月三日）

施行五十三周年の憲法記念日である。

国会では、衆参両院に初めて設置された憲法調査会での論議が進んでいる。

国家の根本規範である憲法に関心を持ち、その中身やありようについて意見を交わすことは、民主主義を深化させていくうえで望ましい。その意味で、憲法調査会が、時代にふさわしい真しな論議の場となるのであれば、意義は深いだろう。

「自立」と絡める主張も

しかし、国会、とくに衆院調査会での論議を聞いていると、危うさを感じざるを得ない。憲法の制定過程を最初の主題に選んだことで、古典的な「押しつけ憲法論」が再び頭をもたげつつある感が否めないからだ。

日本国憲法が、日本国民の意思には基づかず、米国を中心とした連合国軍総司令部（GHQ）によって押しつけられたものだ、とする議論は何十年も前から展開されてきた。憲法の正統性を問う主張といっていい。

最近では装いを新たにした形で、日本人の「自立」や「自己決定」を回復させるには改憲が必要だ、という論も出ている。

国際協調や国際貢献のために九条を改定すべきだ、といった主張が一定の支持を集めていることは承知している。

しかしながら、私たちは、国家戦略として、憲法九条は改定すべきではない、との立場をとってきた。「軍事に優越的な価値を認めない」という戦後日本の枠組みは、九条あってこそのものであり、わが国の安全保障にとっても、改定はむしろ害が大きい、と考えるからだ。

それは、国民世論の方向とも一致している。ばくぜんとした改憲論への賛成意見は確かに増えてきたとはいえ、九条に関してはそうではない。

憲法施行五十年にあたり朝日新聞社が行った全国世論調査では、回答者の六九%が九条について「変えない方がよい」と答えている。憲法の平和主義に対する国民の信頼は、なお高いといえよう。

他方で、「知る権利」や環境権、プライバシー権などを憲法に明記する、といった議論も起きている。こうした主張をぶつけあい、その利害得失を論争するのは、日本の将来像を考えるうえで有益なことだ。

だが、「押しつけ憲法論」は、こうした論争と異なり、後ろ向きだ。もっぱら憲法の成り立ちに疑問の目を向け、改憲そのものを目的とすることにより、しばしば、国家主義や狭いナショナリズムをかきたててきた。

総司令部が憲法草案を作成し、その強い影響力の下で、日本政府に制定を促したことは間違いのない事実といえる。

しかし、これをそのまま、「押しつけ」とみるかどうかは、視座をどこに据えるかによって違ってくる。

国民はどう評価したか

敗戦当時、天皇主権の「国体」を守ることに腐心した為政者たちは、大日本帝国憲法と本質的に変わりのない憲法をつくろうとしていた。そのことが、総司令部による草案の作成、提示という事態を招く。

彼らにとっては、総司令部が示した国民主権を軸とする草案は、まさに意に反する「押しつけ」と感じられたであろう。

一九四六年五月二十七日付の毎日新聞に憲法に関する世論調査の結果が載っている。

草案が打ち出した象徴天皇制に対しては、八五％の人が支持し、反対は一三％にすぎない。天皇制の廃止を求める人は一一％、それに反対する人は八六％だった。

戦争放棄条項を必要とするか、との問いには、七〇％が「必要」と答え、「不要」の二八％を大きく上回った。国民の権利、義務、自由について、草案の修正を望む人は三三％、それに反対する人は六五％だった。

当時の国民が、現憲法の骨格となる理念

や条項をおおむね支持し、これを新しい国づくりの指針にしようとしていたことがわかる。「国体」にこだわった為政者の意識とは、相当なずれがあったというほかない。

　であればこそ、占領期が終わり、制定の経緯が次第に明らかになっても、国民の間から「押しつけ」を理由とした改憲論が大きく盛り上がることはなかった。制定過程は、すでに克服された問題とみるべきである。

排外主義に通じる恐れ

　にもかかわらず、いま改めて「押しつけ憲法」を強調するのはなぜか。

　長谷川三千子・埼玉大教授は共著「憲法改正」（中央公論新社）の中で、「われわれは単に『自主憲法』制定をとなへるのみならず、『国民主権主義』（及び『君主主権主義』）をも正しく批判しなければならない」と書いている。日本古来の君民の関係は、統治―被統治を超えたものとの考えらしい。

　憲法は押しつけられたものだ。だから、そこには日本独特の価値観が反映していない。日本にふさわしいものにつくり直すべきだ。このような復古主義的な発想は、狭量な排外主義にもつながりかねない。

　それをあながち杞憂《きゆう》といえないのは、憲法がめざした国際主義、普遍主義に逆行するような動きが、昨今目立つからだ。

　昨年の通常国会では、賛否の声が渦巻く

中、国旗・国歌法が制定された。

　今春には首都の知事が、排外的な響きのある「三国人」発言を、本人がそう呼ぶ「軍」の前で行った。その言動を支持する人も少なくない。

　朝鮮半島では南北首脳会談の開催が決まり、緊張緩和の流れも見え始めた。それなのに日本では、近隣の脅威を強調する九条改定論が飛び交う。殉国を美化するような漫画が一部の若者を引きつけている。

　日本国憲法制定への過程を描いた戯曲「真珠の首飾り」の作者ジェームス三木さんは、総司令部草案を作成したスタッフが、北欧や共産圏を含む各国の憲法を集めることから作業を始めた点を指摘して、こう語る。

「彼らは世界の憲法のいいところを集めようとした。日本国憲法の本当の作者は、歴史の英知だと思う」

　曲折を経ながら今世紀の世界は、民主主義と平和への努力を重ねてきた。それは次の世紀へと続く、とうとうたる流れである。

解説

「自衛隊は『戦力』ではないとか、『軍隊』ではないとかいった虚構の〝言葉いじり〟は、世界にはまったく通用しない議論だ」と読売はいう。

　まさにその通りだ。朝日でもたとえば旧軍のように全滅を「玉砕」といったり、退却を

「転進」ということ、あるいは実際は敗北にもかかわらず「我軍、圧倒的な勝利」という「大本営発表」には全面的に反対なはずである。

ではなぜ、このような考え方の「遺産」ともいうべき、憲法第九条と自衛隊の存在という問題に、いつまでも目をそむけるのか。

いや、そむけてはいない、と朝日は主張するかもしれない。というのはこの社説の冒頭に、「国家の根本規範である憲法に関心を持ち、その中身やありようについて意見を交わすことは、民主主義を深化させていくうえで望ましい」とあるからだ。

「あれ？」と思うのは私だけではあるまい。読売が憲法改正試案（第一次）を発表した頃の、「改憲＝悪」という主張（？）がずいぶん軟化してきているからだ。改憲までは口にしていないものの、さすがの朝日も社論を変えざるをえなくなったのかもしれない。

念のためだが、前項を見て頂ければわかるように、石原氏の発言を「三国人発言」と呼ぶのは、ジャーナリズムとしてはおかしい。

ゼロ金利

「べき」論が
押し流した
そこにある危機

2000年8月11日、ゼロ金利解除決定後記者会見する速見優・日銀総裁

解除は前提を慎重に見極めて（二〇〇〇年七月三日）

読売

強い薬とは早く縁が切れるに越したことはない。だが「薬を飲まないで済む体を一日も早く取り戻すこと」と、「薬の服用を一日も早くやめること」は意味が違う。

「ゼロ金利」の解除論議にも、似たような混同が見られる。

いま急ぐべきは、ゼロ金利が解除できるところまで景気を回復させることであり、ゼロ金利の解除そのものではない。

日本銀行は、ゼロ金利解除の前提が本当に満たされつつあるかどうか、景気と市場の動向を慎重に見極める必要がある。

消費者物価に一応の底打ちを確認することは欠かせない。消費回復のカギを握る雇用や所得の先行きにも引き続き、目配りすることが大切である。

非常措置の解除が金融引き締めへの転換ではないこと、追加的な利上げは当面視野にないことが、正確に市場に伝わるか。

「解除したい、したい……」という独り言とは違う、市場との「対話」が十分できるかどうかも、重要な前提になる。

一般に、ゼロ金利政策の副作用として、二つのことが指摘されている。

一つは預金者へのしわ寄せだ。トラの子である預貯金の利息を頼りに暮らすお年寄りには、厳しい状況が続いている。

もう一つは、企業経営者のモラルハザード（倫理の荒廃）だ。銀行から借りるにせよ、社債を発行するにせよ、低コストの資金が安易に調達できれば、経営に緊張感が失われ、骨身を削るようなリストラはどうしても先送りされやすい。

これらの指摘はいずれも重要だが、「だからゼロ金利は早急に解除すべきだ」という主張には、論理の飛躍がある。

預金者にはつらい利息収入の減少も、経営者の怠慢も、金融緩和の副作用であってゼロ金利の副作用ではないからだ。

ゼロ金利を解除し、短期金利の水準が現在のゼロ近辺から、例えば〇・二五％に上昇したとする。預金者の苦境は目に見えて改善されるか。ゼロ金利で進まなかった企業のリストラが〇・二五％になれば進むか。どちらもほとんど望めない。

まずは景気の回復を確実なものにし、そのうえで時には適度な引き締め政策をブレーキに使いながら成長の巡航速度を保ち、息の長い回復軌道をたどる以外に、金融緩和の副作用を解消する道はないのだ。

ゼロ金利の解除が、ただちには好影響をもたらさないのに対し、悪影響は時機を誤れば、すぐにも起きる心配がある。

円相場の急上昇、株価の急落、長期金利

の急騰など、市場の混乱がそれである。景気が腰折れしかねない状況を招き、解除から間もないうちに再びゼロ金利に戻さねばならない事態にでもなれば、金融政策に対する市場の信頼は損なわれる。

非常時が去れば、非常措置は解除されて当然である。だからといって、その政策効果がようやく実を結ぶかどうか、微妙な段階に差しかかったその時に、一刻一秒を争う問題であるかのように短兵急に解除しなければならない理由は、どこにもない。

朝日

ゆがみを正すときだ（二〇〇〇年七月五日）

異常な政策が長く続くと、当然のことのように経済に組み込まれてしまう。公共事業を中心にした財政の大盤振る舞いと、昨年二月からのゼロ金利政策だ。

政府は、景気が昨年四月に底を打ち、「自律的回復に向けた動きが徐々に強まってきている」との判断を示した。最新の日銀の企業短期経済観測調査（短観）は、大手製造業の景況感の大幅な改善など、こうした判断を裏付ける内容となっている。

設備投資は大企業から中堅・中小企業に、またＩＴ関連の投資だけでなく需要増を映したものに、広がってきた。企業収益も改善し、求人数や賃金も上昇に転じたことを示す統計も出てきた。

この変化は、宮沢喜一蔵相や堺屋太一経企庁長官が、だれより感じているはずだ。経済通の二人は、異常な政策をいつまでも続ける危険性もよくわかっていることだろう。

だとすれば、政策転換をためらうべきではない。集中治療の時期は過ぎたことを確認し、患者が自分の意志と力で回復するよう仕向けること。それが「主治医」の責務ではなかろうか。財政を早く中立型に戻し、財政再建の道筋を示すべきだ。両氏はそのために再任されたのだと思いたい。

高齢化社会を迎え、社会保障での負担と給付をどうするのか。公共事業に依存しない地域振興策をどう探し出すか。地方分権を進めるうえで、国と地方の役割分担と税財政のあり方は。世界的なＩＴ革命に対応するため、政策の優先順位をどうつけるのか……。

後ろ向きの対症療法から、先々を見越した経済政策へ。新内閣がなすべきこと、示すべきことはいくらもある。

総選挙では、公共事業中心の景気対策に厳しい批判票が少なくなかった。それなのに、連立与党の幹部たちには自省の念が乏しい。潤沢でない台所から予算を投じるのであれば、高齢化、環境対策、都市の生活改善などに役立つ事業に重点配分すべきだ。このままでは、はやりのＩＴに名を借りて、従来型の公共事業がずらりと並びかねない。

日銀はいま、ゼロ金利政策から脱却するタイミングを探っている。

ゼロ金利の継続は、資金の流れをゆがめ、銀行や企業の緊張感を薄めるなど、もはやマイナス面がプラス面を上回っている。日本経済の現状は、金融面でも早期の政策転換を必要としていると見るべきだろう。

これ以上、下げようがないゼロ金利を解除することは、金融政策が景気動向に機動的に対応する余地を広げることにもなる。

来年一月の中央省庁再編で、内閣府のもとに、経済財政諮問会議が発足する。予算案編成の基本方針などを政治主導で決めようという狙いだ。

森首相は、堺屋氏の再任要請にあたって、同会議の責任者としての準備を求めた。政治主導は結構だが、これまで通りの「ばらまき」の主導なら願い下げである。

前言を「美意識に反して」まで翻し、再任に応じた堺屋氏が、まさかそんな道を容認するとは思わないが。

解説

これは簡単かもしれない。

ゼロ金利解除、つまり朝日の提言通りにしたことが、どういうことになったか、もう結果は出ていると言っていいのではないか。

日本経済は二〇〇一年夏のいま、深刻な危機にある。こうした異例の時は、異例な措置もやむを得ない場合がある。

朝日の書く通り、それが「ゆがみ」であることは間違いない。問題はそれをいつ「正すべきか」である。

そして、読売が主張する通り、「薬を飲まないで済む体を一日も早く取り戻すこと」と、「薬の服用を一日も早くやめること」は意味が違うからだ。

皮肉なことだが、朝日の主張を読むにつけ、職場にも地域社会にも一人はいる「正論おじさん」を私は思い出した。

「正論おじさん」とは私の命名だが、要するに「主張」の内容は「正論」なのだが、それを実現するための具体策も、正論にあえて徹することによって起こる弊害にも、まったく無頓着な人のことだ。

「アメリカとベトナムはケンカなんかしていないで仲良くすればいいのに」とか、「暴力団なんかとんでもない。みんな刑務所にぶち込んでしまえばいいんだ」と主張はするが、実は

「何も考えていない」人のことでもある。
社説は床屋談義ではない。
そこのところを読者も深く理解すべきだろう。

教育基本法

混乱を収束するのは理念確認か現実的対応か

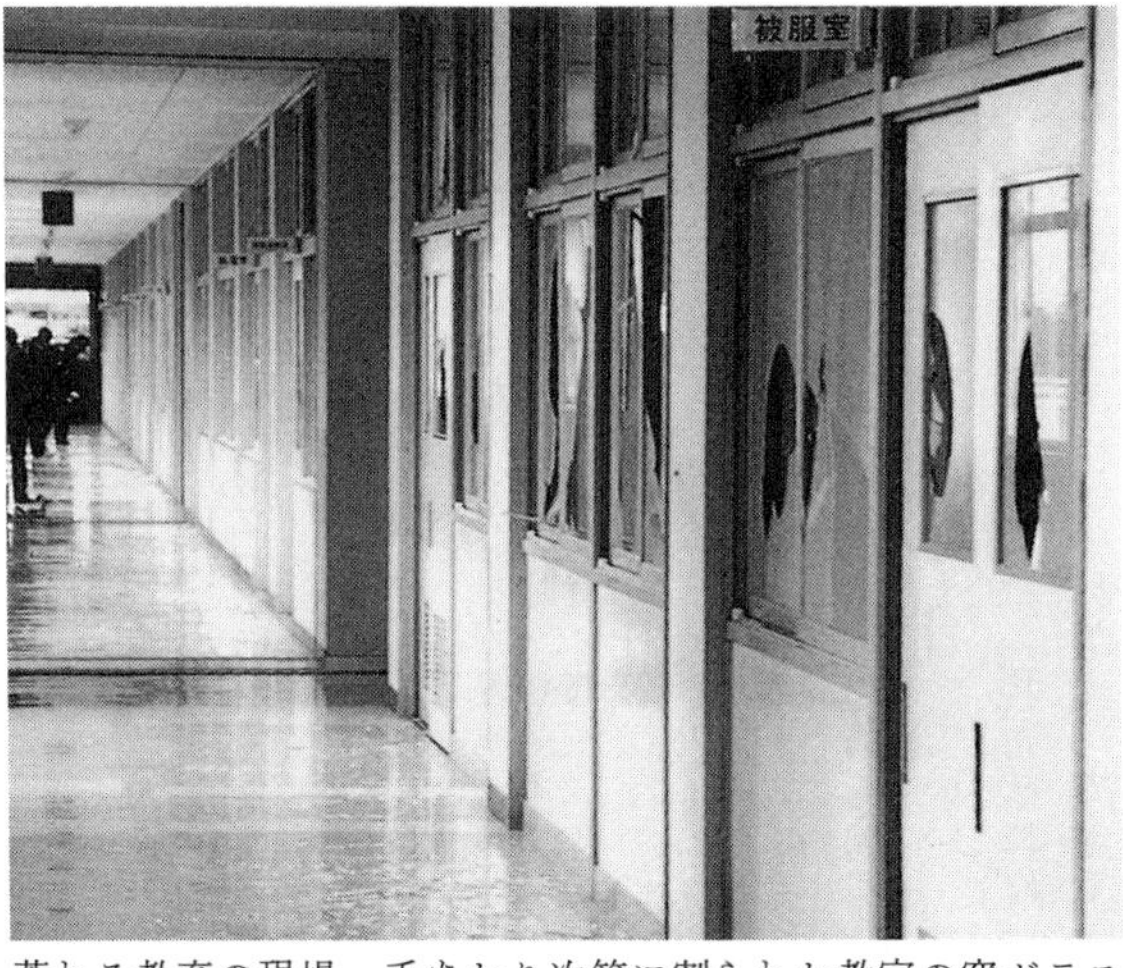

荒れる教育の現場、手あたり次第に割られた教室の窓ガラス（三重県）

読売

「素人感覚」こそ大事にしたい（二〇〇〇年九月二三日）

首相の私的諮問機関「教育改革国民会議」の中間報告がまとまった。幅広い論議を呼んだ分科会報告から約二か月、中間報告は若干の修正を施したものの改革の基本的な方向は維持した。

賛否様々な意見のあった教育基本法については、改正すべきだとの意見が「大勢を占めた」としながらも、どう直すかについては「意見の集約はみられていない」と具体的な改正作業は先送りした。

基本法には、例えば「教育上男女の共学は認められなければならない」という条文がある。終戦直後には意味があったに違いないが、現在ではわざわざ規定する必要がないのは明らかだ。

ほかにも様々な指摘がある。家庭教育が社会教育の一部とされているのは、その重要性が叫ばれている今日の状況から見ればおかしい、生涯学習についてまったくふれていないのは物足りない、などだ。それぞれに一定の説得力がある。基本法は時代から取り残されていると言っていい。

改正反対論の多くは「現行法にはいいことが書いてある。それが実行できていないから問題が起きている」という。であればいいことはそのままに、新たに時代にあう要素を加えて、より使い勝手のいいものにすればいいのではなかろうか。

基本法の改正で学校が抱える問題が解決するはずがないとの反対論もある。そうかも知れないし、そうでないかも知れない。つまり、どう改正するかにかかっている。はっきりしているのは、一部死文化している法律をただ守るだけの姿勢からはどんな可能性も生まれないということだ。

中間報告は、今後改正について「幅広い視点から国民的な議論を」という。この考えに賛成したい。日本の今後の教育を方向付けるものであれば、じっくりと腰を据えて議論しなければならない。

もう一つ、分科会報告で大きな論議を呼んだのは奉仕活動だった。「義務化」とされていたが、中間報告では、小中学校で二週間、高校で一か月間奉仕活動を「行う」と表現が緩められた。「国家が奉仕を強制するのは戦前回帰だ」などの批判に配慮した結果と見られている。

義務付けは、学習指導要領に書き込むことでできる。例えば数学や音楽が、学ぶべきこととして、その時間数とともに指導要領に示されているのと同じことだ。「国による強制」などという物言いの方がむしろ時代がかっていないだろうか。

動機付けや十分な準備もなく義務化すれ

ば、かえってボランティア嫌いを生むという懸念が、ボランティア団体などにある。だから反対、ではなく、こうした声を生かしつつ、ともかくやってみるのはどうか。その中でより良い方法を探ればいい。

国民会議の大胆な提言は、メンバーの多彩な顔ぶれもあって、素人っぽい印象を与えているかも知れない。しかし、だからこそ、実は多くの国民の感覚に最も近いのである。文部省はじめ教育関係者は提言の重みをしっかりと受け止めてほしい。

上滑りの見直し論議（二〇〇〇年九月一〇日）

朝日

森喜朗首相の私的諮問機関である教育改革国民会議の中間報告案に、教育基本法改正の検討が盛られるという。

といっても、改正の中身についての委員の考えが一つに収れんしているわけではない。「変える必要はない」との改正否定論もあるし、改正論も方向や濃淡は大きく違う。

「国家や郷土、伝統の尊重を」「家庭の役割の明確化を」と理念の見直しを望む声がある一方、教育改革を実効あるものにするには「基本計画策定の規定こそが必要」との意見も強い。「改革の起爆剤になるなら、改正してもよい」との立場もある。

どこまで議論を詰めているのか、疑問を抱かざるをえない。

基本法は天皇への忠誠を基礎とした戦前の教育勅語に代わる教育理念として、憲法と同じ一九四七年に施行された。憲法の「理想の実現」をめざす教育を説いている。

首相は五月の国民会議で青少年の凶悪犯罪の続発に触れて、「平等が行き過ぎた結果、個性が軽視され、画一化が進んでいるなどの指摘もなされている」とし、「戦後教育のあり方を見つめ直すことが不可欠」と述べた。七月の所信表明演説では、基本法を「抜本的に見直す必要がある」と明言もしている。

しかし、教育現場の困難さが、基本法を見直すことで克服できるのだろうか。むしろ、この法律の精神を軽んじた結果が、現在の混迷を招いてきたのではないか。

基本法は、教育の目的として「個人の価値をたっとび、勤労と責任を重んじ、自主的精神に充《み》ちた」国民の育成を掲げている。

だが、いま、教室に入ってみれば、個人のわずかな違いを標的にする「いじめ」や、ボランティア活動までも評価の対象にしたことによる「いい子競争」が広がっている。

多くの学校で、子供は自分たちのことを

自主的に決める機会を持てず、お仕着せの校則に従うことを求められる。そこに本当の公共心は生まれにくい。

「自発的精神を養い、自他の敬愛と協力によって、文化の創造と発展に貢献するように努め」るという基本法の方針は、どこに反映されているだろうか。

これまで発表された議事録を見る限り、国民会議は印象論の言いっ放しという感がある。委員は、教師や親、子どもの意見に果たしてどこまで耳を傾け、実態に沿った議論をしているのか、首をかしげる。

基本法が現実の教育現場にどれほど生かされてきたのか、を十分検証しないままに、見直し作業を急ぐのはまことに危うい。

半世紀余り前、教育者や政治家らで構成された首相直轄の「教育刷新委員会」は、教育勅語を批判する委員も擁護する委員も参加して教育基本法の理念をまとめあげた。

教育には個人の尊厳こそ大事だとする立場と、国家や社会への統合を重視する立場から、個と公の新たな道を求めて深く論じ合った討論は、詳細な議事録に残っている。

国民会議の委員には、文字通り国民の代表として、検証と議論を十分に重ねたうえでの歴史に堪える報告をこそ求めたい。

解説

「この法律（教育基本法）の精神を軽んじた結果が、現在の混迷を招いてきた」と朝日は書く。

読売が反対論の典型として挙げている「現行法にはいいことが書いてある。それが実行できていないから問題が起きている」というのと、まさに同じ「精神」である。

しかし、法律というのが世の中をより良い方向へ導く一つのルールとするなら、それがうまく「実行」されないのは、法自体にルールあるいはシステムとしての欠陥があると考えるのが、妥当というものではないか。

ならば「いいことはそのままに、新たに時代にあう要素を加えて、より使い勝手のいいものにすればいい」という読売の提案こそ、取るべき道ではないのか。

実は、この『読売vs朝日』の解説を執筆するため朝日の論調を年代順に追っているうちに、私は、どこか別のところで朝日と同じような論議の進め方をする人々が、いたような気がしてならなかった。そして、ここまで社説のレフェリーとして付き合ってきて、ようやくそれが誰かに気がついた。

中国の儒教の徒である。孔子は「述べて作らず信じて古《いにしえ》を好む」と言った。新しいことは出来るだけしないで古いことをひたすらに模範にする、と言うのである。なぜか？　それは昔の聖人（聖王）の世こそ最高であり、それにひきかえ現代は堕落している、だから新しい工夫をするよりも過去に見習うことの方が大切である、という理由からである。

朝日の「時計」は、終戦直後、日本国憲法や教育基本法が制定された時点で止まっている。あとは自衛隊が創設され、それをかつて違憲だと反対していた社会党までが合憲と認め、その自衛隊はPKOにまで参加する——つまりどんどん「悪く」なっているのである。

だからこそ、あの時代を基準として、あの「聖なる世」に少しでも戻ることが正しい、と考える。ならば「聖なる法」である日本国憲法改悪（聖なる法だから少しでも変えることは必ず改悪になる）には絶対反対だし、その憲法の「子分」ともいうべき教育基本法にも「改悪」絶対反対ということになるわけだ。

つまり、日本国憲法を「絶対善」と位置づけるからこそ、「時計」はそこで止まってしまうということだ。これでは「新聞」の責務は果たせない。

儒教も悪いところばかりではないが、基本的には「守旧派」になる。それが古代には先進国であった中国の近代化を著しく遅らせた。また、法が悪いのではない人間の運用が悪いのだ、といった朝日的発想は、旧帝国陸軍の「靴が合わないのではない。足が合わないのだ。足を靴に合わせろ」という非人間的な発想と同種のものだ。排除すべきものであることは言うまでもない。

歴史教科書

中韓の圧力、検定の行方
批判と懸念の応酬

店頭にも並んだ『新しい教科書』

日本は思想の多様性許容の国だ（二〇〇一年三月二日）

読売

中韓両国が、「新しい歴史教科書をつくる会」のメンバーが執筆した中学歴史教科書を検定不合格とするよう日本政府に求める姿勢を強めている。

両国に対しては、基本的に、日本の検定制度は両国のような「国定教科書」を定めるものではない、ということを理解するよう、強く求めたい。

日本には、「つくる会」によるものを含めて、歴史教科書の検定申請を出している出版社が八社もある。全社が検定に合格しても、そのうちのどの教科書を採択するかは、各地教育委員会の自由である。日本社会の検定制度、思想・言論の自由というのはそうしたものだ。

中国では、共産党独裁の下、歴史認識といえば国家・党公認の歴史観一種類しか存在せず、その歴史観に対する批判、言論の自由も許されない。当然、教科書は「国定」しか存在しない。

そんな中国の国定歴史認識に合わないからといって、日本の特定教科書を不合格にせよと求めるというのは、日本国憲法の基本的価値観である思想・信条・言論・出版の自由への干渉に等しい。

韓国も、教科書は「国定」一種類である。日本と同様の民主的諸価値を共有しているものの、マスコミ・世論は、検定合格が「国定」教科書化を意味すると誤解または曲解しているのではないか。

そもそも、検定に提出される白表紙本は不公表のはずである。それが、中国、韓国に流出して批判の対象となっていること自体が、おかしな現象である。

これは、外国に迎合して〝ご注進〟することにより、外圧を利用する形で日本国内の世論を操作しようとする一部マスコミが常用する手法の結果だろう。

過去、何度となく、同じような現象があった。

例えば、いわゆる従軍慰安婦問題。これは、そうした特定マスコミが、戦時の勤労動員だった女子挺身隊《ていしんたい》を、強制的な〝慰安婦狩り〟制度だったと歴史を捏造《ねつぞう》した結果、一時、日韓関係を極度に悪化させた。

歴史を捏造してまで、日本を比類のない悪の権化に貶《おとし》めようなどというのは、「自虐史観」の極みである。

中韓両国は、こうした特定マスコミの報道に便乗して対日外交カードとするようなことがあってはなるまい。

九八年の江沢民国家主席の訪日では、主席の歴史認識に関する押しつけがましい言動が日本国内の反発を招き、日本国民多数の対中感情は大きく変化した。

中国が、このような干渉的姿勢を続けるなら、かえって日中関係を損なうことになるだろう。

朝日

検定の行方を注視する（二〇〇一年二月二二日）

「新しい歴史教科書をつくる会」の主導でつくられた二〇〇二年度版の中学歴史教科書が、文部科学省の検定に合格する可能性が高まってきた。

そのことを懸念するのは、中国や韓国から強い反発が出ているからではない。教科書づくりに中心的役割を果たしている「つくる会」のメンバーらのこれまでの主張が、あまりにバランスに欠けていると思うからだ。

彼らはその著書などで、「戦後の歴史教育は、日本を否定的にとらえるマルクス主義史観と東京裁判史観に支配されてきた。その自虐史観を克服しなくてはならない」と主張してきた。

一九一〇年の韓国併合は「当時としては、むしろそうならなかったら不思議といわれそうな、世界からは当然と見られた措置であったとさえいえる」と位置づける。

太平洋戦争のことは大東亜戦争と呼び、「四百年間のアングロサクソンによる支配と束縛から東洋民族を解放するための『開戦』を待望する声は高まっていた」など独自の見解を展開している。

文部科学省に提出され、検定を受けている教科書の内容は公表されていない。検定の過程では多くの修正を求める意見がつけられており、最終的にどういう表現で決着するかも明確ではない。

だが同省は、どの教科書でも、歴史的な事実関係の誤りなどがない限り合格させる方針という。そうなれば、「つくる会」が主導した教科書には、中心メンバーのこれまでの主張が色濃く反映されるだろう。

「自虐史観」などと攻撃し、過去の植民地支配や戦争を肯定的にとらえようとする。それは、当時の日本の国民の苦しみや、侵略を受けた人たちを無視した一方的な解釈である。こういう歴史観を教室で教えることが、次代を担う子どもたちのために本当によいことなのだろうか。疑問を禁じえない。

政治が混迷し、経済も低迷している日本はいま一種の自信喪失状態、閉そく状況に陥っている。過去を美化する歴史観の誘惑にかられやすい空気があるともいえるだろう。

だが苦しいときこそ、たどってきた道を

虚心に振り返るべきだ。自己正当化の過ぎた歴史観は、国内的にも対外的にも無用のあつれきを生むだけだ。まして教育の場に混乱を持ち込んではならない。

　この教科書をめぐっては、学者グループが「神話を歴史的事実のように記述し、非科学的だ」などと批判したのに対し、「つくる会」理事は「試験中に他人の答案用紙をのぞき込むようなまねはやめるべきだ」と反論するなど、論議が起きている。

　こんなことになる要因の一つは、検定作業が密室で行われるためだ。

　教科書検定の意義を一概には否定しない。「教育内容の維持」や「教育の中立性の確保」は確かに必要なことであろう。

　しかし、検定制度やその運用については、まだまだ改善すべき点が多い。とりわけ検定の過程も含めた情報を、できるかぎり公開する努力が必要である。

解説

　歴史教科書問題に関する朝日の論説を読んで、つくづく思うことは、朝日の人々は本当の意味で民主主義を理解しているのか、という根本的疑問である。

　民主主義の大原則に「思想の自由」があり、それを実質的に保障するものに「言論の自由」がある。しかし、この自由は侵害されやすい。先人がわざわざ「たとえ私があなたに反対でも、あなたが意見を述べる権利を尊重する」と念を押したのも、人間は自分の認めたくない意見をさまざまな手段を用いて妨害しようとする傾向があるからだ。人間は感情を持つので、どうしてもそうした傾向は出てきてしまう。それを理性で抑えさまざまな価値観を認め、どうしても納得できないなら、まさに言論を用いて相手を説得するのが、民主主義の世界の基本ルールである。

以上のような原則を理解しているならば、朝日のような社説が本来民主主義国家の新聞に載るはずがない、ということがわかるだろう。

中国や韓国の主張していることは結局、「われわれは『つくる会版』の教科書の史観（つまり歴史解釈）が気にくわない。だから（自分たちの好みに合うよう）修正せよ」ということだ。

この場合、中国・韓国が問題にしているのは「事実」ではなく、「史観」つまり思想であることが重要だ。明白な事実関係に誤りがあるというのではない。簡単にいえば「そう考えることがケシカラン」というのである。これが思想そして自由の弾圧でなくて一体なんだというのだ。

しかも滑稽なことに、そう主張している中国も韓国も、採用している教科書はすべて「国定」だ。つまり政府の、露骨にいえば「大本営発表」しか認めない教科書なのである。実は、戦前の日本も歴史教科書は「国定」だった。その国定教科書がどのような国民を作り出したか。排他的、独善的、偏狭なナショナリズム。それが日本を破滅に追いやったことは、朝日の論説委員も異論はないはずだ。国定教科書というものは、異論を認めない「反民主的」なものであるがゆえに、こうした国民性を作ってしまう。

そして今、昔の大日本帝国と同じ過ちを中国・韓国は犯そうとしている。読売の主張の通り、彼らの理不尽な要求を毅然としてはねのけることこそ、まさに真の民主主義へ通ずる道であろう。

Chuko Shinsho La Clef

中公新書ラクレ　15

読売《よみうり》vs朝日《あさひ》
社説対決《しゃせつたいけつ》50年《ねん》

2001年8月25日初版
2001年9月10日再版

読売新聞論説委員会編・井沢元彦《いざわもとひこ》解説

発行者　中村　仁
発行所　中央公論新社
〒104-8320
東京都中央区京橋2-8-7
電話　販売部　03-3563-1431
　　　編集部　03-3563-3666
振替　00120-5-104508

本文印刷　三晃印刷
カバー印刷　大熊整美堂
製　　本　小泉製本

定価はカバーに表示してあります。
落丁本・乱丁本はお手数ですが小社販売部宛にお送りください。送料小社負担にてお取り替えいたします。

ISBN4-12-150015-6　C1221

中公新書ラクレ刊行のことば

世界と日本は大きな地殻変動の中で21世紀を迎えました。時代や社会はどう移り変わるのか。人はどう思索し、行動するのか。答えが容易に見つからない問いは増えるばかりです。1962年、中公新書創刊にあたって、わたしたちは「事実のみの持つ無条件の説得力を発揮させること」を自らに課しました。今わたしたちは、中公新書の新しいシリーズ「中公新書ラクレ」において、この原点を再確認するとともに、時代が直面している課題に正面から答えます。「中公新書ラクレ」は小社が19世紀、20世紀という二つの世紀をまたいで培ってきた本づくりの伝統を基盤に、多様なジャーナリズムの手法と精神を触媒にして、より逞しい知を導く「鍵《ラ・クレ》」となるべく努力します。

2001年3月